BASTOS WITH LOVE

AVENTURE VANLIFER

RÉVÈLE LE NOMADE QUI EST EN TOI
ET PARS SUR LES ROUTES

BASTOS WITH LOVE

AVENTURE VANLIFER

RÉVÈLE LE NOMADE QUI EST EN TOI ET PARS SUR LES ROUTES

Hugo Image

DÉDICACE

À mon papa et ma maman à qui je dois tout,
même mon goût pour la vanlife et la liberté.

SOMMAIRE

« I haven't been everywhere but it's on my list. »

(Je ne suis pas allée partout, mais c'est sur ma liste.)
Susan Sontag, écrivaine américaine

INTRO

La vie est intense, le voyage la rend encore plus intense.
J'ai choisi la liberté, j'ai choisi le mouvement, j'ai choisi de m'affranchir des contraintes temporelles et spatiales, j'ai choisi la route sans la routine. Je préfère les imprévus aux engagements.
Je n'explore pas chaque région du globe, mais le monde m'appartient, il est devenu mon jardin, mon terrain de sport.
Je suis aujourd'hui ici, et demain là-bas. Je suis là où je dois être.
Je suis vanlifer, je ne dépends plus de la géographie et je me laisse guider par mes envies. Je grimpe dans mon van, claque la portière, j'allume le moteur, et l'aventure m'attend, les rencontres aussi, et ça n'a pas de prix.
Mais la vanlife, ce n'est pas seulement le voyage ou l'itinérance, c'est un mode de vie, un mode de pensée, tout est plus lent, tout est plus conscient. Tu dis adieu au superflu, à l'inutile, à la frénésie du quotidien. Tu te reconnectes à la nature et te recentres sur l'essentiel. Tout ce que tu vas vivre sera plus fort, plus exaltant. Tu te réveilles le matin et tu ouvres ta porte sur un paysage à couper le souffle. Tu es chez toi quelques instants encore, puis tu repars vers d'autres horizons.

Avec ce livre, j'ai voulu partager quelques moments de ma « vanlife ».
Ce n'est ni un guide touristique ni totalement un ouvrage pratique (même si tu y liras de nombreux conseils utiles).
Tu n'y liras pas de listes toutes faites sur où aller et quoi faire à tel endroit, ou sur comment décorer ton van.
Tu y liras ma joie, mes plaisirs, mes galères – car ça existe ! –, tu découvriras aussi des témoignages d'autres vanlifers, au profil très différent, qui redessinent leur existence au volant de leur van. Chacun est unique, mais on a tous un point commun : la soif de liberté. À travers mon expérience et ces portraits, j'espère te fournir ton premier kit de connexion avec la vanlife et qui sait, l'envie de te lancer dans l'aventure...
Tout est possible.
C'est ça, le bonheur, les amis !

BASTOS

« En théorie, on construit sa vie de façon à avoir une maison, une voiture, payer ses vacances. Moi, je me construis des souvenirs. »

Mike Horn, aventurier

AVENTURE 1
À LA CROISÉE DES CHEMINS

AVENTURE 1
À LA CROISÉE DES CHEMINS

LES RAISONS DU DÉPART

Ma vie avant la vanlife… En deux mots : ultra-urbaine et sédentaire ! À vingt ans, j'avais déjà soif d'évasion et de découvertes, mais, à cette époque, j'aspirais à des aventures plus professionnelles, plus intenses, plus festives, plus civilisées. Je voulais fuir le confort de l'existence presque parfaite que m'offraient mes parents pour me confronter à une autre vie, celle de la mode, du glamour, du luxe, des paillettes, de toutes les opportunités que promet la ville qui ne dort jamais…
Je suis parti pour faire un stage de quelques semaines à Manhattan. J'y suis resté huit ans.
J'avais été un enfant choyé, j'étais devenu un adolescent rebelle. J'éprouvais la sensation depuis quelque temps de suivre le lit d'un cours d'eau trop tranquille, et moi, ce que je voulais, c'était plonger dans les remous et les turbulences de la vie, de celle que l'on aimerait avoir à vingt ans. Je voulais vivre par mes propres moyens et prouver à mes parents et à moi-même que j'en étais capable.
Huit années s'écoulèrent… J'avais réussi, j'avais fait mes preuves. J'avais croqué la pomme à pleines dents. Mais, au plus profond de moi, je sentais qu'il me manquait quelque chose, que je n'étais pas heureux ni comblé. Je voulais toujours vivre pleinement, mais différemment. Il me semblait que je courais depuis trop longtemps derrière des chimères, derrière une vie trop superficielle, que je m'étais éloigné des choses qui comptaient vraiment pour moi.
Je me suis remis en question, et puis, ça devint une évidence, je savais vers quoi aller : je devais retrouver les valeurs de mon enfance, ces moments de pur bonheur que j'avais eus avec mes proches.
En 2016, après des années passées dans l'enfer de l'urbanisation new-yorkaise, j'ai donc décidé de renouer avec les fondamentaux : la famille et la nature. Pour la famille, revivre en France a résolu aisément le problème ; pour la nature, cela m'a demandé un temps de réflexion…

Une fois de retour chez mes parents dans le Var, je me suis acheté un Combi des années 1970, et je suis parti tout seul, un peu sur un coup de tête, direction les gorges du Verdon et le lac d'Esparron.
Je dormais dans les champs de lavande, je contemplais le ciel étoilé que je ne voyais plus depuis si longtemps, je me baignais dans les eaux cristallines du lac. Je retrouvais le goût du poisson tout juste pêché et grillé, l'odeur du réchaud à gaz, le chant des grillons pendant la sieste… tous les plaisirs simples de la vie en van. Un véritable retour dans ce passé que j'avais délaissé et oublié toutes ces années.
Je me retrouvais seul, enfin. Cette solitude m'avait manqué. Cette liberté également. Je faisais ce que je voulais quand je le voulais. Je n'avais plus besoin de planifier. Puis la nature. Elle m'avait tant manqué elle aussi. Après la *skyline* de New York City et sa forêt de gratte-ciel, les champs de lavande et les pins à perte de vue me faisaient un bien fou.

UN VOILIER SUR TERRE

J'avais entre huit et treize ans quand j'ai vécu mes premières expériences de vanlife. Mes parents avaient acheté un Trafic blanc aménagé. Avec ma sœur et mon frère, on était trop contents, on s'allongeait tous les trois à l'arrière pendant les longs trajets et on jouait à la Game Boy ! Le van était certes un peu petit pour cinq. Avec mon frère, on dormait dans la couchette du haut, mes parents juste en dessous, et le lit de ma sœur, c'étaient les trois sièges de devant. Je me souviens de m'être retrouvé par terre après une chute de lit, tellement c'était étroit, même pour deux enfants !
Nos premiers vrais trips consistaient à suivre notre maman lors de ses tournois de tennis. Chaque semaine, un nouvel endroit, un nouveau club, dans les Alpes pendant les vacances ou en Bretagne les week-ends. La nuit, on dormait sur les parkings des clubs de tennis, le jour, on encourageait maman sur le bord du terrain, et on échangeait des balles dès que c'était possible. On était assez libres tous les trois, on se baignait dans les rivières, on pêchait, on faisait des sports nautiques, on pratiquait toutes les activités nature du Castor junior ! Une vie de rêve !
À l'époque, je trouvais ça incroyable de passer des vacances avec une maison qui allait partout. On s'arrêtait quand on voulait, où on voulait,

aussi bien sur les rives du lac d'Annecy que dans un camping qui disposait (et ça a son importance !) d'un trampoline et d'un toboggan. C'était l'aventure !
On mangeait souvent des repas froids, on se lavait grâce à la douche solaire, avec une eau plutôt fraîche ! Nous avions déjà un peu l'habitude de cette vie routarde car, à Brest, où nous habitions alors, nous prenions souvent le large à bord du petit voilier de mes parents. Pour nous, le van, c'était comme avoir un bateau sur terre !
Cette vie nous plaisait et nos parents s'en rendaient compte. On a ainsi continué de voyager de cette manière, tout en élargissant notre périmètre pour nous rendre de l'autre côté de la planète. On a visité la Nouvelle-Zélande, l'île du Nord, puis celle du Sud ; les États-Unis, dont la Californie, les parcs nationaux, le Nevada, l'Utah. Là-bas, quand on n'avait pas de van, on campait sous la tente. C'est sur les trampolines des campings que l'on a échangé nos premiers bisous… À nous les petites Américaines !
La journée, on partait explorer les magnifiques parcs américains, mais on râlait comme des fous, car, oui, quand on est petit, on n'aime pas trop marcher dans la nature, on n'aime pas avoir chaud, soif, on a mal aux pieds, on préfère rester avec les copains du camping et faire du shopping dans les *malls* ! On ne connaît pas les bonnes choses quand on est enfant !
Je me souviens d'avoir passé un soir de Noël dans un camping à croquer des légumes dans le salon commun. Pour nous, enfants, c'était un véritable affront et la double peine : réveillonner dans un camping en mangeant des légumes ! On était véritablement odieux alors qu'on vivait sans doute certains des meilleurs moments de notre vie. Les larmes me montent aux yeux en y repensant.
Nos parents auraient pu partir en vacances et nous laisser chez nos grands-parents. Au lieu de ça, ils se serraient la ceinture pour payer cinq billets d'avion, nous emmener partout avec eux et nous faire découvrir des endroits juste incroyables. Ingrats que nous étions à toujours envier nos copains qui, eux, dormaient dans des hôtels tout confort. À cet âge, nous n'accordions pas assez d'importance à ces expériences uniques, et pourtant…

Il m'a fallu d'abord expérimenter l'extrême inverse de ce que j'avais connu avec mes parents et rejeter « leur » mode de vie, pour y revenir des années après. Faut-il forcément passer par une phase de rejet de l'enfance pour retrouver au final ses premières amours ?

LE JEU DE LA DÉCOUVERTE

J'ai beaucoup voyagé comme *backpacker* en Amérique du Sud et en Amérique centrale. Mais même lorsque l'on est autonome, on est toujours contraint de planifier : chercher une place dans un bus, trouver une chambre d'hôtel, respecter des horaires, bref, un minimum d'organisation s'impose. On dépend toujours de quelqu'un, de quelque chose.
Mais voyager en van, c'est non seulement la liberté mais aussi la découverte pure dans tous les sens du terme ! On s'affranchit de toutes les contraintes temporelles et spatiales (ou presque !). La vanlife, c'est comme un jeu vidéo, tu as plusieurs niveaux et c'est à toi de les passer. Tu as des choses à apprendre et tu les découvres par toi-même.
Pour moi, peu importe si je ne trouve pas le meilleur spot du monde, ma satisfaction, c'est de le dénicher tout seul ! C'est cette liberté et ce jeu que je trouve intéressants.
Et la vanlife, c'est un paradoxe ambulant. (C'est le cas de le dire !) Tu t'aventures dans un jeu de découvertes tout en ne te séparant jamais de ton *van sweet van*. On peut dormir dans un coin sauvage tout en étant dans un espace sécurisé et sécurisant. On peut aimer l'aventure tout en étant casanier. On peut aller voir des amis tout en dormant chez soi, je trouve ça dingue et génial, d'autant plus que je déteste squatter chez les gens, dans des chambres que je ne connais pas.
Dans mon métier, je suis toujours très entouré, je côtoie beaucoup de monde. L'année dernière, je participais à un tournage télé et on devait dormir tous ensemble dans une immense villa top luxueuse. C'était véritablement au-dessus de mes forces ! J'ai osé demander une faveur un peu spéciale, celle de passer chaque nuit de l'émission dans mon van. Requête accordée. Cette possibilité de m'isoler m'a donné une bouffée d'énergie quotidienne et permis de vivre le tournage de manière totalement sereine et joyeuse, car je savais que je rentrais le soir « chez moi », dans mon van, seul avec moi-même !

La vanlife est un mode de voyage, mais aussi un état d'esprit. Et il existe autant de vanlifers que de spots sublimes ou de modèles de van. Certains vivent toute l'année dans leur utilitaire, d'autres sont des saisonniers qui travaillent dans la restauration ou dans le bâtiment... Il y en a qui s'échappent en couple, d'autres en famille, des vanlifers de tous les âges qui partent tous les ans dans le même camping, et les autres qui préfèrent explorer, rouler à l'étranger. Ceux qui lisent scrupuleusement les guides et d'autres qui suivent leur instinct.

Les vanlifers qui louent pour le week-end, et ceux qui achètent un Combi. Chacun vit son trip comme il l'entend.

Pour ma part, je vis dans ma maison mobile de mai à octobre. Je prends la route, je vais voir mes amis, j'en ai un peu partout, notamment sur la côte, à Marseille, dans le Sud-Ouest, dans les Pyrénées, je me laisse porter par mes envies, par les vagues, par la curiosité de connaître un endroit, je profite autant que je peux... Mais pendant cette période, je ne suis jamais vraiment en vacances, je travaille tout le temps ! Mon métier c'est une chance, j'en suis bien conscient, c'est que je peux faire de mes loisirs un travail. Car, eh oui, si je disparais de cette création de contenu continuelle et en temps réel, l'algorithme m'oublie et je n'existe plus sur les réseaux.

Attention, je ne me plains pas, car c'est un bonheur incomparable que de commencer une journée de travail en sentant la caresse du soleil par la fenêtre, c'est une chance d'ouvrir ta porte et de contempler, là juste devant toi, les reflets de la mer et d'entendre le bruit envoûtant des vagues qui s'échouent sur la plage... Non, franchement, je ne me plains pas : décider de son cadre de vie et pouvoir le renouveler chaque jour, c'est ma vision du privilège.

LES IDÉES REÇUES

La peur

Lorsque je raconte que je vis une grande partie de l'année dans un van, la question qui revient le plus souvent, c'est : « Mais, Bastos, tu n'as pas peur de dormir seul dans ton van au milieu de nulle part ? » C'est drôle, cette tendance à craindre ses semblables, à avoir peur

des vols, des fous, de l'agression. L'inconnu fait toujours peur.
Bon, c'est vrai que lorsque j'ai acquis mon premier van, je n'étais pas complètement rassuré. Je craignais d'être cambriolé sur les aires d'autoroutes, dans les endroits isolés. J'étais connu, mon van l'était autant que moi. Certains de mes amis s'imaginaient que je pourrais être la cible idéale de personnes malveillantes, que mon van pourrait être tagué, cassé, vandalisé, mais non, je n'ai jamais eu de problème. Même pas un « toc toc » sur la porte coulissante. La seule chose étonnante qui m'arrive de temps à autre, c'est la surprise de découvrir le matin des croissants et des pains au chocolat, accompagnés de numéros de téléphone, posés sur le pare-brise de mon van... Comme agression, il y a pire ! Je me souviens aussi d'une nuit avec mon ami LeBouseuh où l'on a entendu des bruits un peu inquiétants d'animaux rôdant autour des vans. On a abrégé notre dessert et on s'est vite réfugiés dans nos vans respectifs... mais je pense que les bestioles ont eu plus peur de nous que l'inverse !
Et puis, plus tu t'habitues à cette vie, moins tu vis dans l'angoisse du « et si jamais... ». Pour rassurer également les femmes qui voyagent seules, j'en connais pas mal à qui il n'est jamais rien arrivé. Le risque zéro n'existe pas, malheureusement, mais la légende urbaine des agressions multiples autour des vanlifers n'est pas avérée. En réalité, on ne craint rien et on n'est presque jamais dérangé... hormis par la police. En cinq ans à dormir au milieu de nulle part, squattant tantôt les parkings d'un casino, tantôt les chemins forestiers, je n'ai été dérangé que par les autorités.
Un agriculteur, me surprenant par exemple à l'aube dans son champ, me fera un signe de la main pour me saluer.
Je pense que les vanlifers passent encore et toujours pour des marginaux, des gens un peu mystérieux, voire inquiétants.
La nuit, les rideaux sont tirés, et on se demande quel genre de personne peut dormir sur un parking ou dans un champ. Ce mode de vie est parfois difficile à appréhender, parce qu'il ne rentre pas dans le schéma classique dicté par la société. Pourtant, je ne crois pas avoir rencontré de gens plus sympas et inoffensifs que les vanlifers !

PAROLE DE NOMADE

@petite_opaline

Qui es-tu ?

Je suis Marion, trente printemps, maquilleuse et tatoueuse.
Née dans les montagnes vosgiennes et fille unique. J'ai évolué dans un milieu très masculin, celui de la voiture, du vélo et de la moto (merci papa), mais je suis devenue très féminine, d'où mes études dans le maquillage. Puis, un jour, j'ai décidé de quitter Paris, la mode et une vie de stress.
J'ai commencé à devenir de plus en plus minimaliste. J'ai fini par avoir la phobie d'une vie stagnante, et ma soif de découvrir de nouvelles cultures s'est décuplée. S'en sont donc suivis l'Espagne, Londres, l'Italie, New York, le Canada, la Nouvelle-Zélande dans mon premier van (MichMich), l'Indonésie, Singapour…
En 2020, le passage des frontières est devenu difficile. Avec l'aide de mon père, j'ai donc aménagé un petit utilitaire, dit « Caddy » dans le jargon des vanlifers, pour visiter les merveilles de la France. En 2021, j'ai pris la route à bord de ce van que j'ai appelé Berny. Je ne sais pas où je serai demain, je sais simplement que j'ai choisi le chemin de l'aventure et de la liberté.

Avant de commencer à vivre dans un van, avais-tu des peurs ?

J'idéalisais beaucoup la vie dans un van tant elle paraissait agréable sur les réseaux sociaux. Ma peur principale était la panne. Aussi étrange que cela puisse paraître (je suis fille de garagiste), je n'ai jamais fait de mécanique. J'avais cette image du véhicule en panne tout fumant sur le bord d'une route déserte, sans aucun réseau pour prévenir qui que ce soit. J'avais aussi cette angoisse de nuits passées seule, particulièrement dans les lieux isolés… j'aurais mieux fait de ne pas regarder tant de films d'horreur ! Il m'est arrivé de ne pas fermer l'œil de la nuit car les bruits extérieurs étaient effrayants, et personne ne nous précise que ces bruits sont décuplés une fois enfermé dans un van.

Qu'est-ce qui t'a décidé à vivre dans un van ?

« Le voyage, le meilleur moyen de se perdre pour se retrouver. » J'avais un besoin viscéral de changement, de voyage, de me prouver que j'étais capable de faire quelque chose seule, quelque chose de différent. Vivre « ma » première fois sur les routes de Nouvelle-Zélande était une expérience assez dingue et plutôt osée, mais c'est ce choix qui m'a poussée au final à continuer la vanlife en France. J'ai pris assez rapidement goût à cette liberté. Parce que peu importe ce que l'on fait dans la vie, rien n'égale ce sentiment de liberté d'être seule sur la route. Contempler des paysages incroyables tout en transportant sa maison, et s'arrêter où on le souhaite, sans se poser trop de questions.

As-tu une anecdote sur une insécurité particulière que tu aurais vécue ou ressentie ?

Le moment de la douche est toujours délicat, choisir le bon endroit, au soleil et de préférence peu entourée. Une fois, je prenais tranquillement ma douche en maillot de bain à l'entrée d'une forêt, lorsque s'est arrêté un utilitaire conduit par un homme seul. Je voyais son téléphone dirigé vers moi, mais j'ai décidé de ne pas y prêter attention. Quand j'ai fini de m'habiller, le type s'est approché. Il m'a posé des questions sur l'aménagement de mon van dans un premier temps, ensuite des questions bien plus personnelles. Il était physiquement proche de moi, j'ai insisté sur le fait que j'étais mariée (nous le sommes toutes dans ce genre de moment non !?). Je pense que c'est ma bombe lacrymogène bien visible et mon téléphone en main qui l'ont finalement fait partir après de longues minutes. J'écoute beaucoup mon instinct, et si le lieu où je m'apprête à dormir ne m'inspire pas confiance, alors je préfère lutter contre la fatigue et reprendre la route pour trouver un autre endroit. Pensées particulières aux habitants qui s'amusent à klaxonner toute la nuit ou à jeter des cailloux sur nos vans car, oui, malheureusement, nous ne sommes pas aimés par tous.

Penses-tu que c'est différent pour un homme ?

La solitude est parfois difficile à vivre, que l'on soit un homme ou une femme, et le danger existe aussi pour tout le monde, mais il est plus facile pour les hommes de gérer l'insécurité. La femme, aux yeux de la société, n'est pas bricoleuse, ne roule pas toute seule dans un van, encore moins lorsqu'elle a trente ans.
Les critiques sont constantes. Quand te poses-tu quelque part ? Quand prends-tu un appartement ? Quand fondes-tu une famille ? T'as trente ans, il serait peut-être temps de prendre ta vie en main plutôt que vivre dans une voiture, non ? Mais t'as pas peur toute seule ? Etc.
Il existe aussi beaucoup de sujets que je pourrais aborder. Ne serait-ce que le manque de toilettes gratuites. Être une femme, c'est avoir ses règles une fois par mois et, sur la route, ça devient vite contraignant. Être une femme, c'est avoir des problèmes d'hygiène différents d'un homme et plus compliqués à gérer : toilette, cheveux, soins… Devoir penser aux détails, tels que la laisse à chien ou les chaussures taille 45 visibles pour que le potentiel agresseur nocturne fasse demi-tour. Tous les problèmes que les femmes peuvent rencontrer dans la rue au quotidien sont d'autant plus présents lorsque l'on vit dans un van.

As-tu ressenti un soutien, une protection de la part des autres vanlifers ?

J'ai reçu beaucoup de conseils sur les réseaux sociaux destinés aux vanlifers, conseils qui m'ont bien servi. Mais j'ai pu remarquer aussi que, dans la réalité, cette solidarité et cette fraternité n'étaient pas aussi évidentes. Il y a parfois cette fausse idée qui est de ne pas vouloir déranger son voisin, de ne pas vouloir le gêner… Cependant, je pense que si j'avais soudain besoin d'aide, je n'aurais aucun souci à toquer sur le van d'à côté. En tant que vanlifer, finalement, tu le sais, tu es seule, mais sans l'être réellement.

Ton entourage s'inquiète-t-il pour toi ?

Qui de mieux que mes parents pour répondre à cette question ! « Bien sûr, en tant que parents, on s'inquiète toujours, on vit aussi cela par procuration et on ne peut pas apporter à distance les solutions à certains problèmes rencontrés. Le soutien moral à lui seul ne peut tout résoudre, mais nous savons aussi que cette expérience de vie est très enrichissante pour elle et que cela la fait grandir. Nous regrettons l'attitude de la société vis-à-vis de ces personnes qui décident à un moment de leur vie de vivre différemment, et c'est aussi un sujet d'inquiétude. »
Il y a des petites actions qui rassurent : envoyer ma géolocalisation si je ne suis pas très sereine, donner régulièrement des nouvelles, envoyer des photos, appeler… Tenir informé, c'est la clé.

Ça ne coûte rien

Oui, c'est vrai, voyager en van coûte moins cher que de passer ses nuits à l'hôtel ou de se déplacer en train. Mais petite précision : vivre dans un van ne signifie pas vivre sans rien dépenser. C'est une idée totalement fausse. La plupart des personnes que je rencontre économisent d'ailleurs pendant des années pour acheter un van dans la perspective de goûter au nomadisme, une fois la retraite venue. Côté budget, l'investissement de départ pour l'achat d'un véhicule n'est donc pas négligeable.

Pour autant, la vie dans un van ne coûte pas cher. Lors d'un road trip, le poste essence est certes conséquent si l'on bouge beaucoup et un van consommera toujours davantage qu'une voiture légère. Mais c'est toi qui choisis la façon dont tu vas dépenser ton argent. Tu prépares toi-même tes repas dans ton van ? Ou, au contraire, tu dînes tout le temps au restaurant ? Tu économises sur le budget repas pour te payer des activités de folie et des sorties onéreuses ? Tu pars pour un week-end ou tu envisages un road trip de plusieurs mois ? Ton budget sera forcément différent.

Il existe autant de choix de vie, de priorités budgétaires que de vanlifers !

Moi, parce que j'ai acquis un confort de vie que je n'avais pas plus jeune, je peux me permettre de beaucoup consommer. Énormément même. Je déjeune dans tous les restos locaux, je découvre les petits cafés... Je rapporte de l'argent partout où je vais et je fais marcher l'économie locale ! Donc, lorsque j'entends les maires des communes se plaindre qu'un vanlifer ne consomme rien, cela me fait doucement rire !

Book-list spéciale « Long trajet »

Parce que je déteste perdre mon temps quand je roule des heures et comme je ne peux pas être sur mon téléphone pour travailler, j'écoute des livres audio !

Ma sélection éclectique

Le pouvoir du moment présent d'Eckhart Tolle
Sapiens, une brève histoire de l'humanité de Yuval Noah Harari

*The Subtle Art of Not Giving a F*ck: A Counterintuitive Approach to Living a Good Life* de Mark Manson

Mes livres de chevet

Into the wild de Jon Krakauer
Walden, ou la vie dans les bois de Henry David Thoreau
Premier de cordée de Roger Frison-Roche
L'appel de la forêt de Jack London

Les pièges à éviter

Ne pas se garer n'importe où !

Je ne suis pas trop du genre à donner des conseils, mais il faut toujours faire attention à l'endroit où l'on stationne. Il vaut mieux éviter les réserves naturelles (les gardes forestiers sont vigilants) et les centres-villes (les flics sont super vigilants), donc je dirai : « Respectez la loi » ! Généralement, en France, il est interdit de dormir dans sa voiture, même s'il existe une certaine tolérance. Certains vanlifers choisissent, par exemple, un utilitaire parce qu'il n'y a pas de fenêtre, et ça passe pour un van de travail. En se garant en hypercentre, le risque d'être réveillé par la patrouille et de récolter une amende existe. Pour ma part, je préfère dormir dans les champs ! D'ailleurs, il vaut mieux arriver de jour pour choisir un emplacement. Si je débarque de nuit, je choisis un parking un peu excentré, une aire d'autoroute. Je n'ai jamais eu de mauvaises surprises en me réveillant le matin, bien plus la nuit sur des parkings qui font office de lieux de fête, surtout quand les bars n'étaient pas ouverts... J'ai souvent été réveillé par des teufeurs, saouls, prenant des ballons et autres drogues sur des parkings, notamment à Marseille, aux Goudes. Les types rentrent chez eux au petit jour en prenant le volant dans le pire état et en toute impunité alors que nous, nous sommes réveillés et cueillis sur place par la police pour nous mettre des amendes. La nuit, la police dort.

JE PEUX DORMIR OÙ JE VEUX ?

Ce que dit la loi : en France, rien n'interdit de dormir dans sa voiture, son camping-car, son van... Mais petit conseil : ne pas rester plus de vingt-quatre heures au même endroit pour éviter l'amende ou le séjour à la fourrière. Certaines villes interdisent toutefois le stationnement sur la voie publique.
En principe, c'est indiqué par des panneaux dès que tu entres dans la commune. On ne peut pas dormir non plus dans les parcs nationaux et régionaux de France ni dans tous les lieux où le camping sauvage est interdit.

Être nul en mécanique

Si l'on s'y connaît un peu en mécanique, ça peut aider et rassurer, c'est même un sacré plus, car les problèmes sont fréquents, en particulier avec les combis Volkswagen. Je le sais, crois-moi, j'en ai déjà fait les frais plusieurs fois. Avec mon premier van, ma peur principale, celle que je redoutais le plus chaque matin, dès que j'allumais le moteur, c'était la panne. Lorsque tu tombes en rade, ce n'est pas seulement ton véhicule que tu laisses sur le bas-côté de la route, c'est ta maison, ton foyer avec toutes tes affaires à l'intérieur. Il m'est arrivé de dormir dans la cour d'un garage auto pour ne pas être loin de mon van ! La journée, ma « maison » était en réparation, la nuit, ô bonheur, je pouvais ouvrir la porte et retrouver mon lit à moi !

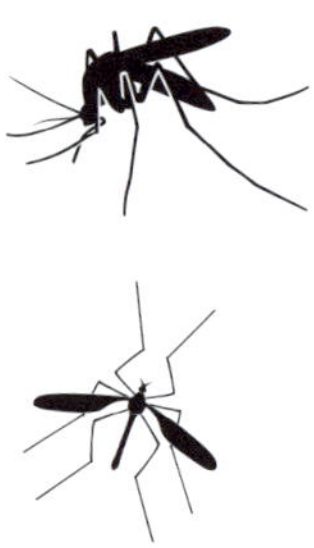

Les moustiques

Ils rendent la vie en van infernale. Je préfère les trombes d'eau ou le crachin interminable à un seul moustique. C'est le fléau de tout campeur et pas seulement des vanlifers. Même blindé de moustiquaires, même muni de produits anti-moustiques, bougies à la citronnelle, fumoirs, serpentins, dès que l'on ouvre la porte du van, ces sales bestioles en profitent pour s'incruster. J'ai déjà eu aussi des nuées de moucherons qui m'ont rendu dingue. Si tu as le malheur d'avoir choisi pour la nuit un magnifique chemin forestier tout proche d'un étang, un seul conseil : ne sors pas !

QU'EST-CE QUI ATTIRE LES SALES BÊTES ?

Tous les moustiques ne sont pas des prédateurs horripilants, seules les femelles viennent aspirer un peu de sang pour se nourrir et pondre ensuite des centaines d'œufs ! On dit que c'est l'odeur du corps, par exemple la transpiration, et le gaz carbonique, c'est-à-dire l'air que l'on expire, qui les attirent... Tu peux donc laisser la lumière allumée ou porter du noir sans aucun problème !

RASSURER L'ENTOURAGE

Quand je tombe en panne (et même si je suis un grand garçon), j'appelle toujours mes parents pour des conseils mécaniques, des dépannages ou pour tout ce qui concerne mes assurances. Oui, je suis libre, je voyage seul, mais tu l'auras compris, ma famille, c'est super important. C'est ma base. Mais, non, je n'ai pas besoin de rassurer mes parents. La personne que je dois plutôt rassurer, c'est mon amie, je dois la préserver des rumeurs, des qu'en-dira-t-on. Untel aurait vu, par exemple, une fille sortir de mon van... Mais mon amie sait pertinemment que ma liberté, même en van, ne va jamais trop loin ! Cela dit, la vie en vanlife, c'est personnel, c'est une vie que je ne souhaite pas forcément partager en couple, ou alors de manière ponctuelle, ça m'appartient et je ne veux pas l'imposer à ma copine.

UN ÉTAT D'ESPRIT

Lorsque l'on pense vanlife, on pense nature, voyage, mais on songe moins à cette dimension qui est, pour moi, capitale dans mon choix de vie, celle des rencontres. Être en van, c'est la possibilité de voir ses amis sans s'incruster, sans déranger, sans devoir compter sur eux. J'adore aller leur rendre visite, mais je tiens à mon indépendance avant tout, et je veux toujours bénéficier de cette possibilité de partir quand je le souhaite, sans prévenir personne, comme ça, un beau matin, prendre la poudre d'escampette et la route. J'ai la phobie des « au revoir » et des fins en général. À un tel point qu'il y a des tas de films que je ne regarde pas jusqu'au bout. Je n'aime pas les fins d'année ni mon anniversaire. Je n'aime pas quitter mes amis à la fin d'un voyage. C'est comme une petite mort chaque fois...
Je noue très souvent de nouvelles relations car j'aime découvrir d'autres histoires, entendre des parcours de vie différents, partager du temps avec ces personnes qui ont encore une part de mystère en elles. Je les rencontre sur des spots de vanlife, lors d'activités ou à des soirées de vanlifers. Je garde des tas de jeux dans mon van, des raquettes, une slackline, un skate, parfois mon BMX Flat. Ce n'est pas très marrant de jouer tout seul, mais en groupe, c'est un super moyen

de briser la glace avec des campeurs. Ma notoriété me permet de sociabiliser plus facilement partout où je me rends. Mais même sans ça, il existe un lien qui nous lie, nous les gens de la vanlife. Comme un secret que l'on partage, celui d'une vie de liberté et d'aventures. Et ce « secret » fait que l'on se lie plus aisément.
Je veux rester un électron libre tout en entretenant des relations sociales et en en créant de nouvelles !

PAROLE DE NOMADE

Hicham

Je m'appelle Hicham, je viens du Maroc, je suis en France depuis cinq ans. J'ai une école de surf et je suis d'ailleurs moniteur de surf. Je suis venu en France pour découvrir ce beau pays et sa culture de dingue !

J'ai expérimenté la vanlife tout simplement parce que j'étais un travailleur saisonnier et, qui dit saison dit pas de logement ! Alors j'ai acheté une voiture Kangoo pour vivre dedans, puis je suis passé à un plus grand camion qui est devenu ma maison.

Mon premier trip en van, c'était en France, du sud-ouest au nord, et du nord au sud pour trouver les meilleurs vagues et surtout les surfers !

Pour moi, la vanlife, c'est la liberté ! Je la pratique maintenant depuis plusieurs années en Afrique et je suis toujours à la recherche des meilleurs spots de surf et des vagues vierges !

Aujourd'hui, mon trip de rêve serait d'aller jusqu'au sud de l'Afrique en passant par des endroits inaccessibles, et découvrir de nouvelles cultures.

« Le voyage est ma maison. »
Muriel Rukeyser, poète américaine

AVENTURE 2
LE GRAND DÉPART

83

AVENTURE 2
LE GRAND DÉPART

MON PREMIER VAN, MES JOIES, MES EMMERDES

Lorsque je suis revenu des États-Unis pour tourner *Secret Story*, j'avais déjà envisagé de devenir influenceur de mode et j'avais constitué un duo de blogueurs. Je voulais rester dans les domaines que je connaissais et maîtrisais, ceux de la mode et de l'image.
Le choix de mon van découlait de ce plan initial : un véhicule pour y vivre et une couleur pour les réseaux !
Au départ, je ne savais pas trop ce que je voulais, mais je restais convaincu que si je misais sur le style et l'esthétique, que je privilégiais le côté vintage, un peu nostalgique, j'offrais du rêve. J'ai donc choisi un van légèrement plus *fashion* que celui de mes parents et au potentiel hautement instagrammable ! J'ai déboursé 7500 euros pour un vieux combi tout rouillé des années 1970. Pour mon petit frère qui s'y connaît un peu en voitures anciennes, c'était une affaire. Il ne m'en fallut pas davantage pour signer. Je pouvais passer mon doigt dans quelques trous de rouille, mais j'avais une entière confiance dans le jugement de mon frère… On a décidé de le peindre de la couleur qui se mariait le mieux avec tous les paysages et tous les environnements : le vert des forêts, le bleu de l'océan, le gris des villes. On a par conséquent opté pour un rose pâle qui rendait bien sur Instagram. Oui, je confirme, le rose pâle est très instagrammable dans les champs de lavande !

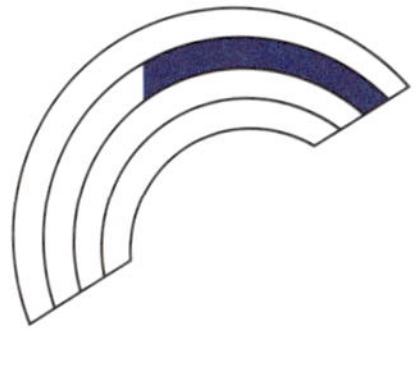

#VANLIFE

C'est en 2012 que le hashtag #Vanlife a été créé par un certain Foster Huntington, New-Yorkais de son état, designer chez Ralph Lauren par son métier. Il s'achète un Volkswagen Syncro 1987 et largue les amarres pour s'aventurer sur les routes des États-Unis. Il commence à publier des photos de paysages sublimes sur Tumblr, puis migre sur Instagram en 2012. On raconte que c'est pour se moquer du tatouage du (feu) rappeur Tupac « Thug Life » qu'il aurait inventé le #Vanlife en référence à la vie typique dans un van. Depuis, le #Vanlife s'est propagé dans le monde entier et, parmi les milliers de nouveaux adeptes ayant goûté aux joies du nomadisme, certains seraient même devenus influenceurs... ! En 2021, #Vanlife renvoyait à plus de 12 millions de publications.

Mais, encore une fois, mon côté superficiel m'a joué un mauvais tour. Il était bien sympa, ce vieux Combi T2b panel van aménagé par nos soins avec les moyens du bord, mais en termes d'efficacité, on avait vu mieux. Même si j'avais acquis des compétences approximatives en mécanique, je stressais à chaque démarrage, au moindre bruit dans le moteur. Comme il n'y avait aucune isolation, j'avais très froid en hiver et très chaud en été. Il existait le minimum de commodités : pas d'eau, juste un petit réchaud à gaz, pas de clim, rien. Niveau sécurité, ça ne fermait pas bien. J'y vivais mal, mais je récoltais quelques émojis cœur en commentaires sur les réseaux et je me faisais régulièrement klaxonner – les vieux vans ont toujours un succès de malade sur les routes. On n'a rien sans rien, bien fait pour ma gueule.
Bon, je me moque, alors que je travaille moi-même sur Instagram aujourd'hui. Chaque photo, et on ne s'en rend pas forcément compte, doit être cadrée à la perfection, postée au bon moment, avec le filtre qui donne l'illusion du « aucune retouche », chaque détail

a son importance, c'est du travail d'orfèvre ! Et un petit combi sera toujours, et sans contestation possible, largement plus populaire sur les réseaux sociaux que sa version moderne. Mais j'ajouterai un petit bémol, car ce métier, et le mien en l'occurrence, consiste à trouver un compromis entre son propre kiff et ce qui cartonne sur les réseaux. Si tu ne prends plus de plaisir en ce que tu projettes, ça va transparaître à l'écran et tu vas te planter, et si ça n'intéresse plus personne, tu disparais de la carte très vite...
J'ai donc pris la résolution d'abandonner le côté *fashion* et superficiel et de revendre le van. C'est un couple de blogueurs qui me l'a racheté, à un prix aussi surévalué que celui auquel je l'avais acquis. Il était rose pâle, c'était mon argument de vente le plus solide et cela faisait passer la pilule des freins qui ne freinaient plus et des caprices du moteur. Aucune larme à l'œil, aucun pincement au cœur, j'ai ressenti un véritable soulagement à la vente du vieux combi. J'étais enfin débarrassé de mes angoisses purement mécaniques !
Démarrer ce van était devenu ma pire phobie !

Mais c'est quoi, l'histoire du « van » ?

D'origine anglo-saxonne, ce mot est un diminutif de « caravan » qui désignait auparavant une remorque tirée par un cheval. Dans les années 1920, c'est le constructeur automobile américain Ford qui popularise le camping en voiture grâce à ses road trips avec ses amis Thomas Edison (le génial inventeur), Harvey Firestone (le patron des pneus) et John Burroughs (le célèbre naturaliste). À l'époque, même si les réseaux n'existaient pas, leur voyage fut très médiatisé. Ils étaient déjà très instagrammables ! C'est après la Seconde Guerre mondiale que les premiers « camping box » créés par l'entreprise allemande Volkswagen apparaissent. Dans les années 1960, les modèles s'exportent et se dotent de meubles, d'une kitchenette et du fameux toit rétractable. Le van devient l'emblème de toute une communauté qui veut être libre de vivre comme elle l'entend.

MON DEUXIÈME VAN, MES JOIES, MA ZÉNITUDE

Pour ma nouvelle acquisition, j'ai choisi de garder l'option du rêve, mais j'en ai ajouté une de plus, et pas des moindres : le confort ! J'ai donc investi dans un autre combi, plus moderne, pas très grand non plus, une taille similaire à celle d'une grosse berline : un California Ocean de 2018, la Rolls-Royce de ce type de vans, reconnu pour être le mieux aménagé de la série, le plus ergonomique, le plus résistant et le plus fiable sur la route ! Bon, ça vaut cher, c'est sûr. Mais il n'est pas lourd comme un camping-car, il est aérodynamique, puissant et, avec, je me faufile partout. Je vais en ville, je rentre dans tous les parkings, même ceux avec une hauteur imposée.

Et pour rester instagrammable (bien sûr !) et que l'on se souvienne de mon van, je l'ai fait personnaliser : j'ai ajouté un covering (c'est une couleur différente que l'on appose, mais sans refaire la peinture), tout en conservant le toit blanc (sinon, tu cuis l'été !). Mais bien entendu, je voulais aussi garder l'arc-en-ciel, tout en le modifiant un peu. J'ai fait aussi poser des vitres teintées et j'ai fait installer un porte-vélo. Voilà pour l'extérieur !

Et on me le demande souvent, mais non, mon van n'a pas de petit nom, il ne s'appelle pas Roger, ni Bibi, ni Manu, car pour moi, c'est davantage une extension de moi-même, ou plus particulièrement une extension de mes jambes. C'est un peu aussi ma coquille d'escargot, mais certainement pas quelqu'un d'autre !

LE PETIT MOINS DU PLUS

Il faut savoir que dans les nouveaux vans Volkswagen, les tuyaux de moteur sont fabriqués en amidon de maïs, c'est une norme européenne pour l'environnement, mais ces amidons de maïs attirent les martres et les petits animaux qui viennent les manger, surtout en hiver, lorsqu'ils n'ont rien à se mettre sous la dent. On se retrouve le matin à ne pas pouvoir démarrer car les tuyaux ont été grignotés. Pour un véhicule destiné à la nature, c'est honteux de ne pas le protéger lors de l'assemblage. Le premier hiver, c'était de la ratatouille sous le capot et je me suis retrouvé dans de belles galères! Sachez-le, on n'est pas prévenu à l'achat. Il vous faudra donc installer un kit anti-martre avec des ultrasons et une espèce de pâte répulsive.

Nous, les amateurs de la vanlife, partageons tous un point commun, celui d'aimer la liberté, mais nous avons également des profils très variés et appartenons la plupart du temps à des générations différentes. Lorsque tu choisiras ton van, tu n'auras pas les mêmes exigences que moi, et tes critères de sélection se feront en fonction de ce que tu privilégies, de ce que tu projettes et, bien sûr, de ton budget. Est-ce que tu vas vivre à plein temps dans le véhicule, ou t'échapper juste le temps d'un week-end ou durant toutes les vacances ? Est-ce que tu vas parcourir beaucoup de kilomètres ? Où souhaites-tu partir, en France, en Europe, en Amérique du Nord ou du Sud ? Vas-tu dormir en camping, au milieu de nulle part, ou sur des parkings ? As-tu besoin de travailler dans ton van ? Pars-tu seul ou accompagné (ce qui n'est pas du tout la même chose !!). Est-ce que tu vas voyager avec des animaux ? As-tu besoin de toilettes, de climatisation, de douche ? Veux-tu te tenir debout ou cela ne te dérange pas d'être plié en deux quand tu entres dans ton van ? Est-ce que tu veux un van déjà aménagé ou le personnaliser toi-même ?

LET'S
GET
LOST

Les types de véhicules pour vivre la vanlife sont presque infinis. C'est à toi de choisir. Les vans classiques, ceux des années 1970, 1980 et 1990, sont certes indémodables et détiennent des records de ventes dans le monde – mais rappelle-toi mon premier achat –, et il est très rare d'en trouver en bon état… Les Renault sont plus cubiques donc plus larges, mais le poste de conduite est moins confortable. Et, petit bémol, si tu te rends avec ton véhicule Renault aux États-Unis par exemple, assure-toi que celui-ci ne tombe pas en panne, car la marque y est très peu présente et tu pourras attendre très longtemps l'arrivée des pièces détachées !
D'une manière générale, lorsque tu pars à l'étranger, il peut être plus intéressant de louer sur place, cela t'évitera tous les tracas administratifs et financiers concernant le transport, par bateau ou avion, de ta maison sur roues.
Il faut vraiment prendre son temps avant de se lancer dans un achat. Moi, j'ai opté pour un California Ocean assez quali, puis j'ai transformé l'extérieur, car cela fait partie intégrante de mon métier d'être vu et reconnaissable immédiatement ou presque. Quant à toi, ne choisis pas forcément un van en fonction des photos que tu posteras, il faut que le véhicule corresponde à tes attentes : est-ce que j'aime par exemple les sensations de conduite, l'intérieur me convient-il ?
Pour résumer :
1. un vieux van = des problèmes mécaniques à répétition, des réparations qui grèvent le budget et beaucoup (trop) d'incertitudes ;
2. un van neuf = du confort et une certaine zénitude d'esprit !
Si tu n'es pas bricoleur, nul en mécanique, opte pour la seconde solution ! Les galères les plus courantes, c'est d'ailleurs fréquemment avec le véhicule. L'aventure charrie son lot de problèmes, parfois, c'est toi qui commets une erreur (tu as pensé que ton réservoir possédait une contenance supérieure, eh bien non !), mais lorsque c'est ton véhicule qui devient trop capricieux, il faut t'en débarrasser ! Mais pas d'inquiétude, plus on voyage, moins on panique, car on sait qu'il y a toujours une solution pour tout. Zen attitude, je te dis !

TÉMOIGNAGE

Location de van
David Hernani

Je m'appelle David Hernani.
J'ai beaucoup voyagé, je suis parti notamment une année en famille faire le tour des Amériques, en 2015. À notre retour, on a voulu se lancer dans une activité en lien avec le voyage et faire partager l'expérience que nous avions vécue.
Puis nous avons rencontré Blacksheep qui recherchait un franchisé sur notre secteur.
Ça tombait bien, car nous partageons les mêmes valeurs.
À présent, je propose de la location de vans et de fourgons aménagés sous enseigne BlackSheep-Van. Nous sommes les franchisés pour la Bretagne, la Normandie et les Pays de Loire (7 agences, 55 véhicules). Il y a une trentaine d'agences réparties en France pour 300 véhicules.
Je loue à tout le monde : des jeunes couples, des groupes d'amis, des familles, des retraités.
Plutôt aisés quand même.

C'est un secteur qui se porte très bien. C'est probablement dû au Covid qui a été un accélérateur énorme. Dès que les gens ont été libérés des différents confinements, ils ont eu besoin de s'évader loin de la foule. La vanlife est parfaitement adaptée à cette nouvelle situation.
Je ne me fais pas trop de souci pour l'avenir. La demande est toujours forte. Deux petits bémols : la difficulté d'approvisionnement du fait des retards de production et la saturation possible des spots qui amène déjà les communes à limiter de plus en plus les accès.

Autre solution : tu peux toujours, avant toute décision d'investissement, louer un van. Tu testes ainsi au préalable si ce type de voyage te convient. Si tu loues différents véhicules pour chaque nouveau road trip, tu verras ce qui te plaît le plus dans ces maisons à roulettes : vans compacts, fourgons aménagés, camping-cars, vieux combis, etc. Les avantages principaux de la location résident dans le fait de ne pas avoir à se charger de l'entretien, ni à se préoccuper de l'assurance – car elle est comprise (mais il faut le vérifier) –, ni d'un parking lorsque tu ne te sers pas du véhicule. Les inconvénients : le van ne t'appartenant pas, il faut en prendre encore plus soin, ne pas avoir d'accident (sinon bonjour la franchise !), éviter les rayures à l'extérieur et les taches à l'intérieur ! Mais pour appréhender la way of vanlife, c'est franchement un bon compromis !

LES AMÉNAGEMENTS

J'avais beaucoup aménagé mon premier van, j'y avais mis 5000 euros. Avec mon frère et mon père, on avait refait tout l'intérieur en bois, retapé la carrosserie, modifié un peu le moteur. Pour mon California Ocean, je n'ai pas changé grand-chose, car tout y était neuf. Ça reste petit, 6 m^2, je ne tiens pas debout à l'intérieur sauf si j'ouvre mon toit-tente, mais on peut manger à quatre sans problème. J'ai un canapé-lit derrière. Je dors en haut quand il fait chaud, en bas lorsqu'il fait plus froid. À l'étage, on dort mieux, c'est comme sous une tente, même si l'on entend davantage les bruits de la rue, les conversations des gens ; en bas, c'est mieux isolé mais moins confortable !

J'ai un frigo, un lavabo, des plaques de gaz, mais pas de four, j'ai des rangements, une table pliante, un chauffage stationnaire qui marche au fioul (c'est-à-dire que je n'ai pas besoin d'allumer le moteur pour que tout fonctionne), un panneau solaire qui recharge tous ces équipements, des lumières à l'intérieur, c'est plus agréable la nuit pour s'habiller. Mais mon panneau solaire ne me permet pas d'avoir d'eau chaude, car il faut une résistance dans le réservoir et ça consomme trop d'énergie. Quand c'est vraiment nécessaire et que les températures extérieures se rafraîchissent, je me douche sur les aires

d'autoroutes. J'ai un pote qui adore dormir sur ces aires, moi, ce n'est pas trop mon truc, mais c'est cependant bien pratique d'avoir de l'eau chaude à dispo ! D'autres vanlifers se douchent sur la plage, dans les piscines municipales ou dans les Car Wash, chacun sa solution, tout est possible !
Oui, dans un van, rien ne ressemble à la vie sédentaire. On prend d'autres habitudes et on revient facilement aux besoins primaires… et l'hygiène corporelle n'est peut-être pas toujours au top chaque jour !

Je n'ai pas de toilettes non plus dans mon van. Je n'éprouve aucun problème pour aller dans les w.-c. publics et, lorsque je me retrouve dans la nature, je me rends derrière un arbre avec ma pelle, creuse un petit trou et j'enterre mon caca ! Si tu utilises du papier toilette, tu le reprends avec toi car, selon l'humidité du terrain, ton papier, même enterré, mettra plusieurs mois à se décomposer. Ne rien laisser derrière soi, c'est la règle ! D'une manière générale, faire attention à ses déchets organiques permet également de lutter contre tous les mauvais penseurs qui clament haut et fort que l'on pollue !
Laisser l'endroit où tu t'es posé tel que tu l'as trouvé, c'est-à-dire vierge de toute trace humaine (ou presque), permet non seulement de respecter la nature mais encore de défendre la légende de la vanlife contre ceux qui la jugent peu respectable. Ce n'est donc pas uniquement pour l'environnement, c'est aussi pour nous ! Tu ne vidanges pas n'importe où non plus, il y a des infrastructures prévues pour cet usage. Pour ma part, je peux me prendre littéralement la tête avec quelqu'un s'il ne respecte pas l'environnement ou s'il jette son mégot de cigarette. J'organise d'ailleurs régulièrement, via les réseaux sociaux, des ramassages de mégots sur les plages, et on en repart avec des sacs entiers.

Les contraintes principales dans un van, hormis l'hygiène, c'est qu'il faut être hyper-ordonné. Moi, cela ne me pose pas de problème de tout ranger instantanément, car je suis la Marie Kondo des vans !
Je n'ai jamais rien qui traîne, jamais un vêtement en boule. Le van, tout comme le bateau, n'est pas seulement une maison, c'est aussi

un moyen de transport, donc cela peut être rapidement dangereux si quelque chose traîne et se glisse sous la pédale, ou tu tombes dessus quand tu conduis. Mais mon van, mon California Ocean, reste franchement très habitable et, si je compare avec mes potes, je suis quand même super bien loti !

L'avantage également de faire l'acquisition d'un véhicule neuf et déjà aménagé, c'est qu'il est prêt à partir. Il est déjà homologué et donc sécurisé. L'inconvénient, c'est que tu ne choisis pas l'aménagement intérieur et, donc, que cela reste assez impersonnel.
On peut aussi acheter un trafic Renault par exemple, le faire aménager par une boîte spécialisée, et dans ce cas, tu as des équipements modernes et performants, et moins chers. Ils sont d'excellent conseil. Si tu fais l'aménagement toi-même, il faudra penser à l'électricité, l'eau, les couchages, l'isolation, la cuisine, etc.

JE MANGE QUOI ?

Lorsque je suis tout seul, je mange dans mon van. Je me prépare des pâtes, j'ouvre une boîte de maquereaux à la moutarde, je mange des crudités, du taboulé, car si j'adore manger, je n'aime pas cuisiner. Quand tu cuisines, il faut laver la vaisselle tout de suite après, sinon cela attire les bestioles, entre autres, les fourmis. Je fais la vaisselle dehors à la douchette parce que les restes des assiettes peuvent boucher le lavabo. Mes potes vanlifers ne cuisinent pas trop non plus. Pour moi, ce n'est pas l'environnement idéal, mais chacun son truc.

La recette de pâtes de Bastos
Acheter des pâtes, du fromage râpé et de la sauce tomate. Faire cuire les pâtes, ajouter le fromage et la sauce tomate. C'est prêt ! ☺

À l'époque où j'ai commencé la vanlife, je pêchais beaucoup et faisais griller mon poisson. Maintenant, je ne le fais plus. Je ne peux plus tuer un animal. Même si je mange de la viande et du poisson, le tuer moi-même me met très mal à l'aise. C'est bête (c'est le cas de le dire !) je sais, mais c'est ainsi… Et lorsque je prévois une « méga » fête avec mes potes… c'est plutôt petit apéro tranquille devant le van avec chaises pliantes, musique et bonnes barres !

MES INDISPENSABLES

La base corporelle

Quand on quitte la vie sédentaire, on cesse d'être matérialiste. Il faut peu de choses pour vivre dans un van. Moi, dans mon véhicule, je n'ai besoin de rien de plus car j'ai tout, ou presque. Je prends quelques vêtements, des casquettes, un maillot de bain, ma combinaison pour surfer, une serviette de bain, une serviette de toilette, mes tongs car, règle numéro un, tu ne rentres pas avec tes chaussures à l'intérieur du van. Comme tu vis à moitié dedans et à moitié dehors, il faut être super vigilant pour préserver ton intérieur de la saleté extérieure !
Mes affaires de toilette : les classiques, dentifrice, savon, shampoing, crème solaire, parfum, rien d'exceptionnel. Ma trousse de secours est, elle aussi, minimaliste : pansements, désinfectants, pince à épiler pour enlever les échardes ou autres épines. Et N'OUBLIE JAMAIS les lotions-sprays-huiles-produits antimoustiques et une raquette anti-bestioles, c'est super efficace ! Enfin, si tu réussis à griller le moustique en plein vol à la manière d'un joueur de tennis, préviens-moi !

La base sportive

En revanche, je ne me déplace jamais sans ma planche de surf, rose pâle. (Je te rappelle que, visuellement, le rose va avec toutes les couleurs de fond, ainsi les photos sont bien plus reconnaissables ☺ ! Eh oui, il faut toujours garder une identité visuelle !)
Mais justement, le problème, c'est la planche de surf… En plus, je *ride* de grandes planches. Elle ne peut pas être sur le toit, car le toit

relevable rend l'installation de barres compliquée et inutile. Comme j'ai préféré utiliser le toit pour fixer un panneau solaire, ma planche est dans le van et prend toute la place. Lorsque je m'arrête, je la sors et la pose à côté du van. S'il pleut, ça la rince, c'est pratique. Dans la nature, la nuit, je la pose sous le van et je coince le *leash* discrètement dans la portière. Si un type tente de s'en emparer, il risque d'être surpris en s'enfuyant et surtout de me réveiller ! Dans les agglomérations, je ne le fais pas car j'ai trop peur pour ma planche. Alors je dors avec, en tout bien tout honneur. J'ai hâte de progresser en surf et de pouvoir *rider* de petites *short boards*, j'aurai alors plus de place dans mon lit !
J'embarque également systématiquement mon vélo BMX et un skate, car j'aime pouvoir faire de petites distances. C'est super pratique d'avoir un mini-moyen de locomotion pour se déplacer.

La base mécanique

Depuis que j'ai ce van super-performant, je ne m'encombre plus avec une boîte à outils pour le réparer, tout simplement parce qu'il est vraiment trop compliqué ! Mais si tu es du genre inquiet et que tu veux te rassurer, n'oublie pas d'emporter une roue de secours, un cric, de l'huile de moteur, des câbles de démarrage, un extincteur, un bidon d'essence, une pelle, des fusibles, un gilet jaune, etc.

La base ménagère

Pour nettoyer, j'ai un petit aspirateur électrique. Je peux le charger sur ma prise 220 volts alimentée par la batterie qui se recharge en roulant ou grâce au panneau solaire. Mais pour le gros œuvre, je sors tous les tapis et les secoue dehors. Pour récurer la cuisine, j'utilise du vinaigre blanc. Dans le van, tout est très proche, les grandes distances n'existent plus, il n'y a pas de chambre, et dormir à côté d'une cuisine sale, c'est comme avoir des miettes dans son lit, une horreur !
Alors on fait le ménage juste après avoir sali, systématiquement.
Je ne prends pas la route non plus sans une lampe de poche (pour aller aux toilettes la nuit) et un briquet, même si je ne fais jamais de barbecue, car je trouve ça trop pénible à nettoyer.

La base sécuritaire

J'ai également une boîte à clés cadenas que j'accroche au châssis ou sur le porte-vélo. J'y range mes clés et mes objets de valeur quand je vais surfer. Un jour, j'étais parti me balader en montagne, au-dessus de Nice, sur le chemin du Riou, un endroit top où il y a de magnifiques cascades. En repartant, je me suis rendu compte que j'avais perdu mes clés. Je les ai un peu cherchées, puis j'ai pensé que quelqu'un les avait certainement retrouvées et qu'il était déjà en train de fouiller mon van... J'ai couru comme un fou pendant près de trente minutes, et, une fois en bas, il n'y avait absolument personne. J'ai alors alerté ma communauté via Instagram afin que mes abonnés habitant la région volent à mon secours ! Avec toutes les personnes venues au rendez-vous, munies de lampes torches, on a ratissé chaque centimètre carré du chemin escarpé. La chance était avec nous car on a fini par les retrouver en pleine nuit. On a alors poussé des cris de joie, tels de grands vainqueurs du Loto, soulagés et fiers, mais surtout heureux d'être là ensemble, tout simplement. C'est l'un de mes meilleurs souvenirs de la vanlife alors que c'était une grosse galère et une véritable peur. J'ai rarement été aussi heureux de ma vie (après coup) !

MON BUDGET

C'est toujours pareil, il existe autant de vanlifers qu'il y a de choix de combis et qu'il y a de budgets différents en fonction des projets que l'on se fixe ! Tu pars tous les week-ends mais à côté de chez toi ? Tu pars trois mois dans les îles Lofoten ? Forcément, cela ne sera pas le même coût ! Quels que soient tes revenus ou tes économies, dans tous les cas, l'aventure est possible !

Pour la plupart d'entre nous, c'est l'achat et l'entretien du véhicule qui vont grever une partie du budget. La part consacrée à l'entretien varie beaucoup selon la chance et les précautions que l'on prend. Pour ma part, je n'arrive pas à me persuader que mon van n'est pas équipé pour le Paris-Dakar. Je crève les pneus tous les huit mois, et je raye aussi pas mal la carrosserie. Un jour, j'ai fait sauter tout le pare-chocs. J'en ai pleuré. Si l'on prend en compte la fois où je me suis engueulé avec ma copine, que cela m'a distrait (voire énervé !) et que j'ai mis

de l'AdBlue (liquide injecté dans le pot d'échappement depuis un réservoir spécifique) dans le réservoir de gazole, alors, vraiment, on ne s'en sort pas. Ce van me coûte une fortune en entretien. Mais ça, c'est moi ! Si tu fais attention, tu peux changer les pneus tous les trois ans et n'avoir quasiment aucune autre dépense. Ces combis sont hyper-costauds et fiables. Cela a toujours été la priorité de la marque malgré quelques erreurs, comme les moteurs fabriqués à partir d'amidon de maïs dont j'ai déjà parlé plus haut.

Le troisième poste essentiel du budget sera consacré aux coûts de carburant (essence ou diesel). Pour moi, des dépenses importantes seront également consacrées aux péages, car je privilégie les autoroutes lorsque je dois faire beaucoup de route. Puis, tu l'as compris, je n'aime pas trop cuisiner, mais j'adore manger, je dépense donc une véritable petite fortune dans des restaurants gastronomiques. Mais je fais aussi marcher l'économie locale, et ça n'a pas de prix ! Dans le budget et selon ses préférences, ne pas oublier de prévoir les sorties, les activités, les visites de monuments ou de parcs. En revanche, j'évite systématiquement les emplacements payants. C'est parfaitement bien conçu, je ne le nie pas, avec les toilettes et la douche (chaude), mais, en y pénétrant, j'ai l'impression de perdre un peu de ma liberté. Je préfère me poser dans un autre endroit pour garder un minimum d'indépendance. Je ne dors jamais dans les campings, car, pour moi, ça défie le but même de ma façon de vivre. Les assurances sont aussi une part importante du budget. Tout comme pour une voiture, il est indispensable d'en avoir une en cas d'accident, de panne, de cambriolage, etc. Si le véhicule est homologué VASP Caravane, tu paieras moins cher à l'année qu'une assurance auto classique. Tout dépend de la vanlife que tu envisages. Renseigne-toi également si tu voyages à l'étranger. Si tu loues, la plupart du temps tout est compris, mais à toi de bien vérifier.

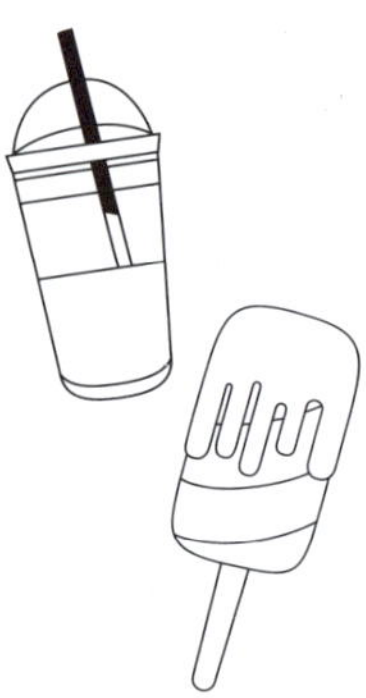

L'HOMOLOGATION VASP

L'homologation VASP Caravane : ce n'est pas obligatoire, mais c'est hautement conseillé. Lorsque tu transformes ou aménages un fourgon avec des équipements inamovibles, à savoir des couchettes, une cuisine, des espaces de rangement, etc., tu devras le faire homologuer, c'est un gage de sécurité. Cela te permettra également d'obtenir une assurance moins onéreuse et tu pourras le revendre avec une plus-value.

TÉMOIGNAGE DE VANLIFER

Ma mère !

Quel est ton rapport avec la vanlife ?

J'ai toujours bien aimé ce mode de vie, que l'on a pratiqué avec nos enfants lorsqu'eux étaient petits et nous plus jeunes. On était un peu les uns sur les autres à cinq dans ce trafic aménagé. Et puis, on s'est rencontrés en bateau avec Pierre, et c'est un peu pareil, la boat life... Je n'aime pas passer des heures à choisir des hôtels ou des restaurants qui vont grever mon budget vacances, que je préfère utiliser à des activités culturelles, sportives ou à des locations de matériel de sport.

C'est quoi la vanlife pour toi ?

C'est la liberté ! Et ça n'a pas de prix... pas de réservations, d'obligations, d'horaires, de déceptions (quand la chambre d'hôtel ne correspond pas aux attentes). C'est la possibilité de rester où l'on veut, le temps que l'on veut et de changer de plans quand on en a marre. La plupart du temps, on passe quinze jours dans le van, mais j'attends avec impatience nos deux mois prévus l'été prochain en Norvège.

Le confort

C'est sûr qu'en vieillissant, ça devient un peu plus difficile. Le sommeil, dans de bonnes conditions, n'est déjà pas simple, alors parfois, lorsqu'il fait froid, que mon chéri bouge en dormant et fait trembler tout le van... c'est encore moins facile ! Pour le reste, aucun problème, surtout par beau temps. C'est rigolo de préparer à manger dans le van, d'installer la table et les chaises face à un paysage magnifique, de se brosser les dents et de prendre des douches en économisant l'eau !

Sécurité

Je ne sais pas si je serais aussi tranquille si je voyageais seule, mais je n'ai jamais eu peur. Enfin si, une fois, sur une aire d'autoroute (OK, ce n'est pas forcément le meilleur choix de spot pour dormir), il y avait des personnes probablement éméchées qui ont commencé à crier et à se bagarrer avec des chaises en fer… juste à côté du van.

Ce qui m'embête

La pluie… c'est compliqué, tout est mouillé, ça sèche moyen dans le van, ça fait du bruit sur la carrosserie quand on dort, on salit tout à l'intérieur (oui, je suis un peu maniaque…). Mais bon, c'est l'occasion de regarder des séries et d'aller au resto ! Parfois, on a également un peu de mal à trouver le spot idéal pour se poser… et à se mettre d'accord à deux !

Ce que je préfère

J'adore me réveiller le matin dans un endroit isolé, par un temps magnifique, prendre un bain de mer ou de rivière avant le petit déjeuner, au soleil bien sûr !

« L'homme possède le temps.
L'homme qui maîtrise l'espace
est simplement puissant. »

Sylvain Tesson, *Dans les forêts de Sibérie*

AVENTURE 3

EN VAN TOUTE !

AVENTURE 3
EN VAN TOUTE !

CHOISIR OU NE PAS CHOISIR UN SPOT ? TELLE EST LA QUESTION...

Seul

Je suis géographiquement libre, un jour ici, le lendemain là. Je n'ai pas de contrainte d'espace et je ne veux pas en avoir non plus lors du choix de mes destinations. Je suis partout chez moi, peu importe le lieu. J'aime la route sans la routine !

Lorsque je pars, je n'ai pas de point de chute précis en tête. Parfois, j'annonce mon départ sur les réseaux et mes amis peuvent alors m'inviter à venir les voir, me conseiller de visiter tel ou tel endroit. Je me laisse guider par mes envies, par les vidéos que je pourrais tourner, par les contenus que je pourrais créer. Je peux me réveiller un matin à Paris et improviser un départ dans l'heure qui suit ! En vanlife, les coups de tête sont totalement encouragés ! En plus, dans mon van, j'ai toujours en réserve de la nourriture, des denrées non périssables, et j'ai de quoi m'habiller été comme hiver. Les seules choses auxquelles je dois songer, c'est mon matériel pour les activités que je compte pratiquer : ma planche de surf, mon BMX, et cela se décide également en fonction de la place que j'ai dans mon véhicule.

Je sillonne principalement les routes de France, plus rarement les pays frontaliers ou lointains. Est-ce parce que j'ai énormément bourlingué dans ma jeunesse, que j'ai déjà visité certains des plus beaux endroits de notre planète (Nouvelle-Zélande, Tahiti où j'ai vécu lorsque j'étais lycéen, États-Unis, Amérique du Sud) que je préfère explorer en priorité les régions de l'Hexagone ? Peut-être, je ne sais pas. Je suis parti du constat que cela ne sert à rien de s'échapper trop loin de chez soi tant que l'on ne connaît pas les alentours. Pour ma part, je choisis un lieu que j'ai envie de connaître et j'agrandis le cercle peu à peu.

Je n'utilise jamais aucune carte papier, uniquement le GPS pour me déplacer d'un point A à un point D, en passant par le B et le C,

Conseils* bastosiens pour bien choisir son spot

• Arrête-toi où tu veux (ou presque, attention aux interdits) et, en cas de doute, demande l'autorisation ;
• Arrive avant la tombée de la nuit pour mieux voir où tu te poses (sinon gare aux surprises matinales). L'été, c'est forcément plus facile lorsque les jours rallongent !
• Respecte les lieux, reste bienveillant et en bonne intelligence avec les locaux.
* Écoute toujours les conseils, ne les suis jamais (conseil universel).

et peut-être le E si j'y suis convié. Ça, c'est pour moi. Après, libre à toi, bien entendu, de préparer (ou non) minutieusement ton voyage, car les possibilités de spots ne manquent pas et tu hésiteras sans doute avant de définir précisément ta première destination. Mais sache qu'en France, à deux pas de chez toi ou à l'autre bout du pays, tu seras toujours dépaysé. Et tu ne seras jamais à court d'idées, tant il existe de spots époustouflants que partagent sur les réseaux des vanlifers ou des applications.
À l'étranger, tu préféreras sans doute établir en amont l'itinéraire que tu vas emprunter. Oui, ça a un côté rassurant de noter les points d'intérêt incontournables et d'anticiper le nombre d'heures que tu vas passer sur la route, mais garde cependant toujours à l'esprit que l'improvisation n'est pas à proscrire. La vanlife, c'est la liberté absolue (ou presque) ! Dresser des listes de tous les lieux à visiter absolument lors d'un road trip peut présenter aussi un côté stressant et décourageant. Imagine que tu n'as pas eu le temps de tout voir, de tout découvrir, de tout expérimenter, tu risques de revenir déçu. Donc, mon conseil, si j'en ai un, c'est de vivre à son rythme et de profiter.
Pour ma part, j'ai vu de véritables paradis terrestres en France, mais je ne saurais les dévoiler pour deux raisons : 1. je ne les mémorise pas sur un carnet de voyage ni sur mon ordinateur ; 2. je ne retourne jamais au même endroit. Seule exception : lorsque je fais mon « tripélerinage » au lac d'Esparron. C'était mon premier road trip et ce site m'a profondément marqué. Ce spot revêt une valeur sentimentale pour moi, c'est quasiment de la nostalgie – en plus d'être magnifique ! J'y suis retourné une dizaine de fois et c'est d'ailleurs ici, au milieu des champs de lavande, que j'aime emmener d'autres personnes pour le leur faire découvrir.

J'ai envie de te transmettre, à toi futur vanlifer, la volonté de trouver par toi-même les spots qui pourraient te plaire, de redécouvrir les beautés de la nature, vierges de tout conseil bastosien justement. On n'est pas dans une chasse au trésor organisée de l'endroit le plus kiffant du monde. Les gens sont parfois obsédés pour rejoindre le site à la mode, celui dont tout le monde parle. Moi aussi, j'avoue, je suis tombé une fois dans le piège.
On m'avait conseillé d'aller admirer ce magnifique lac pyrénéen à l'eau bleu turquoise. J'avais en effet vu de très belles photos et je me suis laissé tenter. Mais quelle déception ! C'est un lac artificiel, entouré certes de montagnes, mais surtout cerné par des dizaines de camping-cars qui gâchent littéralement le lieu et la vue. On ne peut pas se baigner, probablement parce que cela doit être une réserve d'eau potable ou parce que c'est dangereux. Et lorsqu'il y a trop de monde, trop de règles et rien à faire, ce n'est vraiment pas le bon combo. À éviter.
Il me semble, pour ma part, tellement plus enrichissant et gratifiant de chercher soi-même un spot, c'est ainsi que l'on comprend mieux la way of vanlife. Lorsque tu commenceras tes road trips, tu tâtonneras probablement mais, au fur et à mesure des voyages, tu découvriras que l'on a la possibilité de s'arrêter n'importe où, que l'on peut prendre n'importe quelle route et n'importe quel chemin et que l'on a le droit de tout explorer soi-même et de se tromper.
De toute manière, j'éprouve, et ce quel que soit l'endroit où je me trouve – en pleine nature, au bord d'une rivière, face à l'océan et au soleil couchant, garé sur un parking, dans la cour d'un garage –, un véritable sentiment de plénitude dès que je baisse les stores du van et que je ferme la porte. Voilà, je suis chez moi. C'est confortable, c'est mon petit cocon et j'adore ça !

OÙ DORMIR TRANQUILLE ?

Il existe de multiples applications qui recensent des lieux où dormir en van.

PARK4NIGHTS (MAIS AUSSI CARAMAPS ET TRAILERSPARK)

Je m'en sers la nuit pour éviter les mauvaises surprises, lorsque je suis fatigué et que je ne sais pas où aller, et que je veux éviter les endroits interdits ou mal fréquentés. Ça peut être des emplacements gratuits ou payants, des parkings ou des spots en pleine nature.

France Passion, Bienvenue à la ferme

Pour avoir le droit de dormir une nuit (et une seule) sur le terrain proposé par des viticulteurs, des agriculteurs ou des producteurs, il faut adhérer à leurs réseaux. Attention, c'est juste un emplacement et l'occasion de rencontrer des locaux, mais n'oublie pas ton eau ni ta lumière !

HomeCamper

On dort sur un terrain privé loué par l'habitant (à côté d'une villa avec piscine ou au milieu d'une ferme). Très pratique lorsque le nomadisme est moins toléré dans la région et que tu es réveillé le matin par la police...

Roadsurfer Spots

Pour dénicher de petits coins de paradis (châteaux, fermes, pleine nature) partout en Europe.

Accompagné

Si je ne pars pas tout seul, je vais être plus perfectionniste. Je pense que les gens peu habitués au nomadisme ne sont pas capables de profiter de n'importe quel spot comme moi. Eux, ils attendent du joli, du propret, du spectaculaire. Lorsque j'ai des amis ou des vandates, j'essaie que le spot soit plus charmant et j'évite l'aire d'autoroute (quoique !). Dans ces cas-là, je prépare quelque peu la destination. Je retourne à un endroit que je connais ou j'en visite un que l'on m'a conseillé – même si ça m'énerve car je ne l'ai pas découvert moi-même. L'expérience a donc moins de valeur. Mais je préfère cela que décevoir un invité. Au final, je crois que la vanlife n'est pas quelque chose que j'aime partager, c'est trop d'entraves à ma liberté...

Si j'emmène des potes dans mes road trips, je vais leur proposer des activités pour éviter qu'ils s'ennuient. Moi tout seul, je ne m'ennuie jamais, j'ai toujours quelque chose à faire ou à ne pas faire. Mais mes copains ne vont pas se contenter de petits passe-temps. Je vais alors privilégier les activités, la vue inoubliable, le spot de rêve, sans oublier malgré tout l'aspect pratique. Je suis capable de faire caca dans les bois, mais une vandate ou un copain, un peu trop couvé par ses parents, n'aura pas l'ouverture d'esprit nécessaire pour aller dans les bois ! C'est leur confort avant le mien !

Lorsque mon meilleur ami américain me rejoint pour quelques jours en été, on fait de la musique (il est musicien), lui joue de la guitare et, moi, je chante un peu pour rigoler, on est les meilleurs pour inventer des chansons comiques. Mais vous ne verrez jamais rien sur lui et moi sur les réseaux sociaux, car mes vacances avec lui, c'est juste nous deux et le plaisir de se retrouver.

Avec d'autres amis, comme LeBouseuh qui possède son propre van dénommé Patrick (mais vraiment moins bien stylé que le mien ☺) ou un autre pote youtubeur, on tourne des vidéos ensemble, on fait de la création de contenus. Le soir, on monte les vidéos, ce n'est pas du tout la même mécanique, car il y a une vraie question de rentabilité, toutes les activités que l'on fait devront être intéressantes à montrer. Eh oui, c'est du travail ! Quand Menzo, qui n'a pas la chance de posséder un van, est venu me voir, je l'ai laissé dormir dans le lit le plus confortable,

celui du haut, et je l'ai emmené déguster des huîtres dans le village de l'herbe, un village d'ostréiculteurs, un peu au-dessus du bassin d'Arcachon.
Et lorsque je pars pour une vandate, c'est encore une autre préparation. (Voir le chapitre sur l'amour !) Avec ma famille, on se rejoint parfois en Écosse ou en Andorre, chacun dans son propre van. J'ai la chance d'être hyper-proche de mes parents, on est une famille nucléaire très soudée, on aime les mêmes choses, la nature, l'indépendance, le sport, et tout ça se combine parfaitement avec la vanlife. D'ailleurs, on a acheté le même van, le même jour, au même endroit. « Bonjour, on va prendre deux vans, s'il vous plaît ! »

LE DORMEUR DU VAN (PARDON, RIMBAUD ☺)

Je n'aspire jamais à la perfection du lieu. Je peux tout apprécier et je n'ai certainement pas envie de perdre trop de temps à chercher comme un malade. J'ai déjà passé, par exemple, de super moments de vanlife sur les aires d'autoroute avec mon pote LeBouseuh qui adore ça.
Pour moi, ce n'est pas forcément le plus beau coucher de soleil ou le plus bel endroit, c'est l'entièreté de la vie en van qui me plaît. Parfois, dans un lieu où l'on s'y attend le moins, on va être très agréablement surpris. Tous les environnements me conviennent. Si je m'arrête sur une aire d'autoroute, je privilégie le côté pratique, souvent par manque de temps pour rejoindre une étape finale. Et sur cette aire, je vais être le plus heureux des hommes ! Il va y avoir un mur d'escalade, deux arbres entre lesquels je peux tendre ma slackline, je vais faire du flat avec mon BMX sur un terrain plat car il n'y a aucune voiture, une vraie détente, ces aires ! Et en plus, elles sont toutes différentes… Je me demande, tiens, si je ne vais pas écrire, un guide de voyage que j'intitulerai *J'irai dormir sur une aire d'autoroute !*

PAROLE DE NOMADE

@levraibouseuh

Je m'appelle Romain, alias LeBouseuh, sur les réseaux. J'ai mon van depuis une année maintenant. J'ai pris ce véhicule car c'est vraiment un moyen de s'évader, de casser la routine et, surtout, de pouvoir créer du contenu en illimité dans des tas d'endroits différents. J'adore partager ma vie à travers des vidéos et, là, c'est quand même le top ! C'est idéal pour faire découvrir à mes followers les plus belles régions de France et d'Europe, pour leur proposer les meilleures activités que l'on peut pratiquer ici ou là, sans oublier, bien sûr, de partager les galères les plus sympas ☺. Même si mon expérience de la vanlife est encore assez limitée et que je suis loin de tout connaître, dans tous les cas et pour le moment, c'est un kiff total !

C'est quoi la vanlife pour toi ?

C'est prendre un van un minimum aménagé pour y vivre, une paire de chaussettes, des slips, et partir, seul ou accompagné. La vanlife, c'est vraiment l'indépendance et la liberté.

Pourquoi tu apprécies autant les aires d'autoroute ?

Parce que c'est un excellent moyen d'optimiser son temps lorsque tu dois faire un long trajet qui peut durer plusieurs jours. Moi qui suis breton, si je me rends dans le sud de la France, cela va me prendre une dizaine d'heures. Je coupe la poire en deux et je m'arrête au bout de six heures par exemple. Je me cale tranquillou sur une aire de repos avec restaurant et station essence. J'arrive, je mange, je dors et, le lendemain, je refais le plein. J'en profite pour me laver directement dans les douches des routiers, et c'est reparti pour le reste du trajet. Bon, je précise que, oui, il existe quand même quelques inconvénients sur les aires d'autoroute, déjà le bruit des camions et des voitures, mais tu peux également tomber sur des personnes qui ont des comportements, comment dirai-je, assez, voire très étranges. Pour l'instant, je croise les doigts, il ne m'est encore rien arrivé de fou, sauf ce mec qui se masturbait devant le van quand j'étais avec Bastos !

Surf Side

L'avantage de ne pas rechercher indéfiniment le meilleur spot m'offre la possibilité de me poser dans des endroits qui s'avèrent être cool de manière surprenante. Je vais faire une halte ici car je suis crevé et qu'il est tard et, là, je me retrouve dans un lieu incroyable ; d'autres fois, je vais chercher un peu à tâtons et tomber sur un site top car je l'avais pressenti !
Pour moi, chaque endroit est une découverte. Lorsque je prévois d'emmener une vandate, je prépare forcément un peu plus. Je regarde ma carte et je cherche une rivière. Oui, je l'avoue, j'aime l'eau, j'aime les rivières. Je me souviens d'ailleurs, adolescent, d'avoir lu *Le dormeur du val* de Rimbaud, ça m'avait profondément marqué. J'ai retrouvé il y a peu de temps, chez mes parents, le recueil de poèmes que j'avais étudiés au lycée. En relisant le texte, je me suis dit que Rimbaud décrivait exactement ce que je voyais lorsque j'étais auprès d'un cours d'eau (je vous fais grâce du reste du poème, certes magnifique, mais la fin est… – attention spoil ! – trop tragique !)

C'est un trou de verdure où chante une rivière
Accrochant follement aux herbes des haillons
D'argent ; où le soleil, de la montagne fière,
Luit : c'est un petit val qui mousse de rayons.

C'est tellement ça…
Donc, en prévision d'une vandate, je repère une petite ligne bleue sur la carte. Le jour dit, on roule pour se rapprocher le plus possible du cours d'eau et on se retrouve carrément dans le jardin attenant à une habitation. À un moment, on est clairement dans une propriété, mais on continue d'avancer car, pour moi, il est évident que les berges d'une rivière sont publiques. On se gare et, là, je me dis (je suis très pragmatique !) : « On verra bien ce qui se passera. »
Depuis le van, on aperçoit le ruisseau et on entend la mélodie de l'eau. Pour agrémenter le tout, on a la chance et la surprise de voir des moutons venir se désaltérer. C'est idyllique ! Personne ne vient nous déranger ni le soir ni le lendemain. On repart le matin sans aucun problème. Je ne pourrai jamais retrouver cet endroit merveilleux.

COOL COAST

Mais ce n'est pas grave car je n'établis pas de listes et, lorsque je suis allé à tel ou tel endroit, je n'y retourne plus. Je préfère découvrir quelque chose de nouveau, même si c'est moins bien.

LET'S
DRIVE
WHERE
WIFI
IS WEAK

LA VANKIFFE

Quand je suis en van, je suis heureux, je vois toujours le bon côté de la vie, je ne focalise jamais sur le négatif. Et dans toutes les régions, il existe des trucs bien et des choses moins cool. J'aime toutes les régions de France, et elles ont toutes leurs avantages et leurs inconvénients. J'ai cependant, vous vous en doutez, quelques préférences.

Dans le Sud-Ouest, j'adore le Pays basque pour le surf. Le seul problème – de taille –, c'est le monde : trop de surfeurs ! Il n'existe aucun endroit pour aller faire seul du surf. C'est aussi très cher. Ils appliquent les prix parisiens dans l'immobilier, les locations de matériel, les activités, la nourriture. Je préfère de loin me baser à Lacanau, un peu plus haut sur la côte, où la foule est moindre. Mais pour le relationnel et le boulot, je reste à Biarritz et, sans cette contrainte, je partirais probablement en Islande ou à Bali ! Ici, je connais beaucoup de surfeurs, des personnes qui me prêtent du matériel pour essayer de nouveaux sports, des photographes... Je rencontre également pas mal de youtubeurs avec lesquels je tourne des vidéos. Autre avantage basque : les gens sont sympas, stylés, ils ont une bonne mentalité, contrairement à la côte d'Azur. On se sent plus en sécurité, on est moins confronté au vol. Ici, l'urbanisation est plus respectueuse de l'identité de la région, plus jolie, plus esthétique.

Dans le Sud-Est, la côte est juste incroyable, certainement l'une des plus belles de France. Mais gros hic : l'accès au front de mer est impossible tant c'est bondé. En plus, mais cela n'engage que moi, je ne trouve pas les gens très cool. On côtoie tous ces nouveaux riches et ces gens qui aspirent à l'être. La calanque de Sormiou, à Marseille, ou celle des Goudes sont tout simplement fabuleuses, on se croirait dans *Jurassic Park* tant on a l'impression d'être ailleurs qu'en France, c'est grandiose ! Mais c'est aussi un enfer, on déambule au milieu de parvenus et, bien entendu, des voleurs et des flics hyper-tendus car à l'affût du moindre vol. C'est le bordel. C'est un endroit qui a été gâché. Puis, dès que l'on s'éloigne un peu du front de mer, on se retrouve dans des zones aseptisées qui ressemblent à des malls américains géants, sans aucun style ni aucun goût. Pourquoi j'y vais alors ? Pour voir mes amis, évidemment !

La Bretagne, j'adore, mais j'ai moins l'occasion de m'y rendre car j'ai moins de potes qui surfent. Pourtant, cela reste un plaisir de ouf : imagine, on peut garer le van sur un parking de plage, pas bétonné, pas moderne, au sommet de la dune et, de là, la mer à perte de vue, ce n'est pas vankiffant, ça ? Bon, OK, l'eau est froide, il fait beau plusieurs fois par jour comme on dit dans la région, mais le sacrifice en vaut la peine, car le jour (les instants dans la journée !) où le soleil brille, c'est tout simplement magnifique. Et puis, pour moi, ne croiser que deux personnes alors que l'on est en plein été, cela n'a pas de prix ! Si d'ailleurs je dois acheter une maison, ce sera en Bretagne, on peut encore tomber sur des maisons anciennes à rénover dans un cadre magnifique !

L'une des dernières régions où j'aime bien passer du temps, c'est dans les Alpes, vers Chamonix : pas trop de monde, repos et évasion garantis, paysages à couper le souffle. Ici, c'est le rendez-vous des parapentistes, des escaladeurs, des ultra-trailers, des randonneurs. L'été, c'est vraiment une vibe hyper-cool, et beaucoup viennent en van. Lorsque j'ai fait l'ascension du mont Blanc, il y a quelques années, je ne l'avais pas encore, mais c'est l'une des expériences qui m'ont décidé à franchir le pas. Après, le seul petit problème, c'est que pour faire la fête et voir des gens, c'est plus compliqué. La plupart des endroits alpins sont quand même assez morts en été.

J'AIMERAIS…

J'aimerais faire le tour de l'Islande, y rester deux trois semaines. Là-bas, j'emmènerais mon van. Le ferry coûte certainement plus cher que l'avion, mais on peut rapidement s'y retrouver tant la vie est onéreuse sur cette île (en gros, 50% plus chère qu'en France !). Partir avec un véhicule rempli de nourriture permet par conséquent de faire des économies substantielles. L'Islande, ce sont des paysages à couper le souffle qui me font rêver depuis longtemps : glaciers, volcans, champs de lave, cascades, geysers, bains chauds naturels…

et, surtout, il n'y a jamais trop de monde. En plus, l'Islande fait partie de ces pays où il existe moins de restrictions qu'en France, on peut aller presque partout, sans policiers qui te cherchent des ennuis, sans barres de limite de hauteur pour les parkings comme dans le Sud-Ouest par exemple, où les barres sont fixées à moins de deux mètres.
En France, c'est sûr, tu ne peux pas encombrer tous les fronts de mer avec des tonnes de vans et de camping-cars.
Lorsque j'ai commencé la vanlife, je cherchais plutôt des endroits où il faisait beau et chaud, des endroits où dès que l'on se garait, on poussait un soupir de soulagement tant on était heureux d'être enfin en vacances. À présent, je me rends compte que le vrai plaisir, c'est quand il y a moins de monde, que l'on ride une vague sans personne devant-derrière-à droite-à gauche qui risque de te foncer dedans.
Pour moi, c'est ça la vraie évasion, la tranquillité !
J'aimerais aussi retourner dans les îles Lofoten. Je les ai parcourues à pied, en sac à dos et tente, avec des potes, et je voudrais les redécouvrir en van. J'avais adoré, les paysages sont magiques, extraordinaires, et l'on peut y pratiquer des tas d'activités différentes.
J'aimerais aller en Laponie et, d'ailleurs, explorer tout le nord de la Scandinavie.
J'aimerais rouler en Croatie mais, comme tous ces pays à la mode, la cohue m'effraie, et les touristes qui s'y rendent ne sont pas forcément le genre de personnes que j'ai envie de rencontrer.
J'aimerais traverser toute l'Europe et aller jusqu'en Russie.
J'aimerais retourner en Amérique centrale, mais là je louerai un van.
Ce ne sont pas les rêves de road trip qui manquent, j'aimerais juste avoir du temps !

LA MEILLEURE PÉRIODE POUR PRENDRE LA ROUTE

Il existe des tas de sites ou de livres qui référencent les meilleurs endroits à visiter selon la météo. Pour ma part, je ne les utilise pas, j'évite seulement de partir en hiver, même si cela peut occasionnellement m'arriver – parce que cela reste toujours plus simple et pratique de traverser la France avec sa maison sur le dos qu'en avion, bien que ce soit dix fois plus long ! Je veux toujours croire,

La météo
Une seule appli, ah non deux : Météo France bien sûr et Raintoday où l'on peut visualiser en live la grosse pluie qui arrive sur toi ! Google météo, ce n'est pas très fiable quand même.

au plus profond de moi, que je suis libre de partir quand je veux et que je n'ai aucune attache, aucune contrainte !
La meilleure période pour être nomade, c'est le printemps, l'été aussi. Partir à la belle saison permet d'en profiter plus largement car la nuit tombe plus tard et on ne galère pas à trouver le lieu où l'on va se poser. La vanlife, ce n'est pas très marrant à l'intérieur quand il fait froid ou qu'il pleut, c'est bien plus sympa lorsque l'on peut profiter de la nature.

VAN À VIE

La vanlife m'a aidé à me reconnecter avec les plaisirs simples.
Le voyage rallonge la vie et apprend à mieux se connaître. Être seul, indépendant, avoir du temps pour soi sans être sollicité en permanence, s'ouvrir au monde, rester curieux, se concentrer sur des choses essentielles, vivre au contact de la nature, rencontrer de nouvelles personnes, c'est tout ça la vie nomade. On ne devient jamais blasé face aux cartes postales somptueuses, on ne se lasse jamais de contempler un soleil couchant, des vagues qui explosent contre des rochers, la floraison des arbres au printemps, bien au contraire, on apprécie chaque instant, chaque paysage et on apprend à les apprécier encore et encore. Se réveiller le matin et n'avoir qu'une porte à ouvrir pour se retrouver au cœur d'une forêt, ou au bord de la mer, c'est particulièrement jouissif.

QUEL TYPE DE VOYAGEUR ES-TU ?

1/Quel est ton moyen de transport citadin préféré ?

A. Le vélo : allier le sport dans tes activités, c'est ton credo
B. Le bus : tu aimes te déplacer dehors sans trop d'efforts
C. Le métro : tu préfères être efficace dans tes déplacements

2/Tu dois organiser une activité de groupe, que proposes-tu ?

A. Un restaurant : découvrir des nouvelles saveurs, c'est la vie !
B. Une murder party : esprit d'équipe et sensations fortes
C. Soirée cinéma : c'est parti pour vibrer au rythme d'un film

3/Ta destination de rêve :

A. Le Vietnam : randonnées, paysages... tu cherches le dépaysement avant tout
B. Londres : musées, festivals, concerts... priorité à la culture
C. Lacanau : un spot familial en bord de mer

4/Septembre arrive ! Cette année, tu souhaites :

A. Partir dès que tu le pourras en vacances, un pays différent à chaque fois
B. T'inscrire à plein d'activités : manuelles, physiques, culturelles... ton planning sera chargé
C. Rattraper les séries et films qui patientent depuis trop longtemps sur ta wishlist

5/Tu dois choisir un cadeau pour ton amoureux(se), ton choix se porte sur :

A. Un petit voyage : être ailleurs le temps d'un week-end, c'est essentiel
B. Un dîner romantique : affoler les papilles, c'est toujours un cadeau réussi
C. Une session détente : un massage pour deux sera parfait

6/Avec ton van, tu découvres un spot de rêve, tu :

A. Prends le temps de t'imprégner du paysage en observant avec attention l'environnement
B. Prends des photos avec ton Polaroïd pour marquer le moment de façon immédiate
C. Prends des photos avec ton smartphone, avec quelques retouches, la photo sera incroyable sur Instagram

7/Ton type de jeu vidéo préféré :

A. Un jeu d'aventure, toujours en quête d'une mission captivante

B. Un jeu de stratégie, pour réfléchir aux meilleures techniques d'avancées
C. Un jeu sur smartphone, pour y jouer où tu veux sans prise de tête

8/Tu pars en vacances ! Dans tes affaires, il y a :

A. Des vêtements confortables pour être à l'aise dans toutes les situations
B. Des tenues assorties, pour changer d'allure facilement chaque jour
C. La dernière collaboration tendance, pour être stylé en toutes circonstances

9/Ton premier achat en soldes, tu prends :

A. Des chaussures de randonnée : il y a un trek au Népal qui n'attend que toi
B. Une combi de surf : à toi les open waves !
C. Des méduses : pour explorer sans mal les plages de galets ou les criques

10/Tes amis ont organisé un anniversaire surprise. Ta réaction :

A. Tu es au max : tu adores les surprises
B. Tu es mitigé : tu aurais préféré quelque chose de plus posé
C. Merci, mais non merci : tu détestes les surprises

Tu as plus de A
TU ES UN VANLIFER

Pour toi, le voyage rime avec dépaysement, culture et aventure. Tu aimes être surpris, tu privilégies le bouche-à-oreille pour découvrir de nouveaux spots et ton indépendance te tient à cœur. Faire du surplace, c'est un non-sens, et ça tombe bien, avec le van tu vas pouvoir avancer chaque jour et laisser la nature t'étonner. N'oublie pas qu'être toujours en mouvement demande aussi quelques pauses pour profiter pleinement de ton voyage, profites-en pour revoir ta notion du temps.

Tu as plus de B
TU ES UN SEMI-NOMADE

Pour toi, voyager, ça rime avec activités, découvertes, rencontres. Tu adores dénicher les bons plans et tu lis toujours les avis sur un lieu avant de t'y aventurer. Tu aimes sociabiliser avec la communauté vanlife et tu écoutes avec attention leurs recommandations. Un vrai tourbillon d'actions et de relationnel que tu te sens capable de faire sur un temps donné. Après, tu plies bagage pour retrouver tes repères de sédentaire. Avec le van, c'est tout l'intérêt de créer cet espace de liberté qui t'est vital sans pour autant remettre en question la totalité de ta vie et de tes projets. Un équilibre salvateur, facilité notamment par le télétravail.

Tu as plus de C
TU ES CHILL

Pour le toi, le voyage doit avant tout rimer avec repos et farniente. Les activités, ok, mais pas plus d'une par jour, et encore. Bronzette, restaurants, sieste… Et en soi, c'est vrai que le voyage sert aussi à mettre son cerveau sur « off » et à recharger ses batteries. Avec le van, l'avantage, c'est que tu peux poser ton transat quasiment où tu veux et quand tu veux. Besoin de siester ? En un pas tu es dans ton lit. Un resto ? Tu n'as qu'à ouvrir la portière et laisser la région où tu es te tenter avec ses spécialités locales. Vivre en van, c'est créer ton rythme de vie sans aucune contrainte d'horaires : de quoi chiller en toute liberté !

« Quand le corps se meut, l’esprit vagabonde, la pensée explore des recoins intouchés. »

Sylvain Tesson, *Berezina*

AVENTURE 4

LE VAN SPORTIF

together
WE MAKE
A
family

AVENTURE 4
LE VAN SPORTIF

La vanlife est une vie en mouvement. On peut choisir de parcourir le monde, d'être un nomade des routes toute l'année, de rouler 2000 kilomètres sans trop savoir ce que l'on va traverser et découvrir. On peut également opter pour des micro-aventures, s'évader non loin de chez soi, juste quelques jours. Ce sont les voyages les plus cools, on part quand on veut, où l'on veut. On se laisse guider par la route et ses envies. Tu choisis une destination finale, mais tu sais pertinemment que le chemin sera plus ou moins long en fonction des arrêts effectués.
En van, l'important, ce n'est pas la destination mais le moyen de s'y rendre. On a du temps quand on est nomade. L'aventure commence dès que la portière est claquée et que tu as mis le moteur en route !
À cause du Covid, des confinements répétés, de l'impossibilité de voyager en dehors des frontières, je me suis mis à visiter des sites et des spots à proximité de chez moi, qui se sont révélés juste fabuleux. En France, si l'on compare avec d'autres pays, nous avons une chance incroyable, celle d'avoir la mer, l'océan, les montagnes et les plateaux désertiques. Tu peux poser ta maison sur roues pour contempler un paysage, rêver devant un coucher de soleil, être seul au monde, vivre au plus près de la nature et te recentrer sur l'essentiel. Mais tu peux aussi concilier vanlife et toute activité outdoor. Faire du monde son jardin et son terrain de sport, si ce n'est pas le bonheur, ça, les amis !

DES FOURMIS DANS LES JAMBES

Comme tu le sais, je planifie rarement, et lorsque je veux m'échapper, je pars. Tout est déjà prêt dans le van. Aux beaux jours, je n'ai plus qu'à mettre ma combi, ma planche de surf, mon vélo et mon skate ; en hiver, je les remplace par mon snowboard. Lorsque tu pratiques un sport nécessitant du matériel encombrant, rien ne vaut le van. Si tu pars en avion ou en train, cela devient forcément plus compliqué. Vivre et voyager en van, cela reste la liberté ultime.

SEA, SUN AND SURF

On the road again ! Direction Biarritz, Lacanau ou Saint-Malo. Si je suis tout seul, je ne choisis ni le *sunset* idéal ni la vue imprenable. Au Pays basque, je me pose en centre-ville pour voir mes potes et faire la fête. En Bretagne, je me gare devant chez mes parents. Toujours garder son indépendance sans oublier la vie sociale et familiale, c'est vital. Être dans mon cocon pour me retrouver, récupérer avant de repartir pour affronter d'autres vagues. Puis revêtir ma combi, ouvrir la porte, faire quelques pas sur le sable et glisser sur la vague. Le kiff.

J'ai commencé le surf en 2020 et, de tous les sports de glisse que je pratique, c'est le plus addictif. Je ne sais pas trop expliquer pourquoi. Peut-être parce que l'océan ne te donne jamais tout ce que tu veux et que ta progression dépend aussi de lui. Le surf est énormément lié aux conditions climatiques. Les bonnes vagues restent rares et lorsque tu en chopes une, tu es rarement seul à en profiter… Parfois, cela devient frustrant, mais mon corps en redemande. Pour les plus aguerris, l'avantage d'être en van, c'est que tu peux te lever aux aurores et *rider* en solitaire… ou avec du monde autour de toi !

VAN DE MONTAGNE

Je l'ai écrit plus haut, nous avons la chance d'avoir de superbes montagnes en France : les Alpes, les Pyrénées, les Vosges, l'Auvergne… Assis au volant de ton van, tu pars à l'assaut des routes sinueuses, parfois à flanc de falaise, qui te conduiront directement à des panoramas époustouflants, au pied de pics enneigés. En toile de fond, tu contempleras des chaînes de montagnes à perte de vue. Devant un coucher de soleil, au bord d'un précipice, personne ne peut rester insensible. Dans les Alpes, il existe pas mal de spots sympas pour garer son van. Que ce soit en été ou en hiver, c'est un dépaysement total. Parfois, tu partages ton spot avec quelques vaches, et depuis ton lit, tu as une vue imprenable sur les cimes enneigées. Et si tu es un peu sportif, c'est l'éclate. L'été, tu randonnes, tu fais du VTT, de la luge, de l'escalade, du paddle sur les lacs, du canoë, du rafting (même si, pour ma part, j'aime moins être à six sur un boudin), du parapente, mais aussi de la pêche, il y a

autant d'activités à expérimenter que de passions à assouvir. J'aime bien faire du canyoning avec des potes, sauter dans les cascades, descendre les rivières. Mais ce que j'aimerais encore plus continuer, c'est le parapente. Le vol m'a laissé un souvenir de bonheur absolu. Là-haut, on est encore plus seul, plus libre, encore moins dépendant. Il n'y a plus que toi et le bruit de l'air dans la voile. Cela rappelle le voilier en termes d'harmonie avec la nature... Lorsque tu poses les pieds sur terre, tu es véritablement dans un autre monde, tu as une banane du tonnerre et tu n'as qu'une seule envie : celle de revoler !

J'adore aussi me rendre à Chamonix, c'est le paradis des randonnées et de l'alpinisme. Ici, les spots et la nature sont vraiment imposants, puissants. Forcément, avec de tels paysages, et de telles promesses de défis sportifs, on se retrouve tous pour des activités outdoor. Mais ça rend la nature encore plus intéressante et plus amusante. Elle force encore plus le respect. À Chamonix, on est avec des gens qui aiment la nature, qui en profitent tout en la respectant. C'est une *vibe* super, même en ville. Tout le monde est dans le délire.
En hiver, je prends parfois mon van et je rejoins mes parents dans leur chalet. Je dors rarement dans ma maison sur roues, car il y fait bien trop froid. Si tu prends ton van en hiver, assure-toi, comme tu le ferais pour un véhicule normal, du bon état des amortisseurs, des pneus et des freins. Mes conseils bastosiens (mais qui restent universels), pour profiter à fond de ce séjour dans le blanc, seraient : n'oublie pas les pneus hiver et les chaînes, et surtout pense à déneiger ton véhicule régulièrement pour éviter que le gel ne rende l'épaisseur de neige trop compacte et impossible à dégager. Ne relève pas ton toit, car tu risquerais d'abîmer les vérins. Tu peux également prévoir des haltes dans des camping-caravaneiges équipés de sanitaires chauffés, qui te permettront de te sécher après une journée de glisse.

HATHA, VINYASA, ASHTANGA ET MOI

Personnellement, je ne pratique pas le yoga ni la méditation, mais il est vrai que la vanlife se prête bien à ces différentes disciplines. Dire des « Aum » et faire des salutations au soleil devant des paysages magnifiques, c'est quand même mieux qu'entre les quatre murs d'une salle bondée et transpirante. Moi, lorsque je me pose, et même si je suis souvent seul, je n'aime pas m'ennuyer. Je transporte par conséquent toujours dans mon van des tas de jeux, des raquettes, ma slackline, sans oublier mon skate et mon BMX. L'avantage certain, c'est que lorsque tu t'adonnes à des activités de glisse et/ou de sports extrêmes, la pratique d'un sport différent permet de te maintenir en forme et de progresser dans les autres disciplines, donc, pour ma part, je ne m'arrête jamais ! Selon l'endroit où je me trouve, j'ai toujours quelque chose à , que ce soit seul avec ma slackline, entre amis comme avec Lebouseuh, ou encore en vandate à tirer à l'arc... Le fait d'être tout le temps dehors te pousse à te bouger et à te reconnecter avec les plaisirs simples de la vie. Finalement, même quand le moteur est coupé, tu es toujours en mouvement.

LISTE DE TOUTES LES ACTIVITÉS POSSIBLES EN VANLIFE

À toi de compléter comme bon te semble !

COURIR	CONTEMPLER	SURFER	MARCHER	TRICOTER
FAIRE DU YOGA	ESCALADER	TIRER À L'ARC	JOUER	LIRE
DORMIR	FILMER	OBSERVER LA NATURE	TENIR EN ÉQUILIBRE	MANGER
CUISINER	PLONGER	FAIRE DES SUDOKUS	SE PERDRE	VOLER (EN PARAPENTE)
NAGER	SE RETROUVER	FAIRE DU VTT	ÉCRIRE	
SKIER				
aimer				
SCULPTER DU BOIS				

VAN, BOUGEOTTE ET CRÉATION

Lorsque tu es sportif, la vanlife est optimale : tu es au plus près des activités, des spots, tu ne rentres pas chez toi entre deux pratiques, et là, tu peux vraiment progresser. Tu profites aussi de la moindre brise sans risquer de louper LE créneau qui va te permettre de surfer sur la meilleure vague de ta vie. Pas le moindre souffle de vent aujourd'hui ? Pas de souci, tu restes chez toi, dans ton petit cocon, en contemplant les plus beaux paysages du monde. Tu veux changer de spot pour rejoindre des potes, pas de problème, un tour de clé, et en van toute ! Quand tu es créateur de contenus sports outdoor, la vanlife est juste idéale ! J'ai rencontré Villo (voir p.86-87), un créateur de contenus qui se consacre essentiellement au VTT, à Montpellier, lors du Festival international des sports extrêmes dont je suis ambassadeur. Le FISE, c'est un événement créé il y a 15 ans pendant lequel s'affrontent des compétiteurs de sports urbains, comme le roller, le skateboard, la trottinette, le BMX, le *mountain bike*, etc.

Aujourd'hui, c'est devenu un peu les X Games français, c'est aussi là-bas que j'ai fait la connaissance de plein d'autres *riders*. Et comme on peut l'imaginer, il y a des tas de vanlifers parmi eux… Alors, maintenant, on se croise un peu partout !

LA COMMUNAUTÉ

Longtemps associée à un mode de vie hippie, la vanlife est surtout un état d'esprit. Notre communauté est certes grande et variée – des solitaires vivant à l'année dans leur fourgon aménagé, des travailleurs, des familles en vacances, des couples en quête de (re)nouveau, des retraités qui veulent profiter de chaque instant de la vie, ceux qui préfèrent se poser en camping, d'autres devant un spot sublime, les sportifs, les fêtards, les fans de petits coins reculés de France, les fous des grands plateaux américains ou les arpenteurs des îles volcaniques, les instinctifs, les bons élèves qui suivent tous les conseils des guides, etc. – , mais on partage tous un mode de vie plus cool, des valeurs semblables : se sentir plus libre, se recentrer sur soi-même, se détacher d'un certain matérialisme, vivre plus chichement, casser sa routine, se rapprocher de la nature, vivre à l'extérieur, en un mot « profiter ». Quel que soit le but affiché (ou non) de chaque vanlifer, lorsque tu fais de l'itinérance, tu rencontres des personnes avec lesquelles la discussion s'engage plus aisément, tout est plus simple que dans la *real life* ! Tu peux combler ta soif de découvertes et ton envie de rencontrer des gens qui, même s'ils viennent des quatre coins du monde, te ressemblent davantage que tes collègues de bureau ou tes voisins de palier. Il y a fondamentalement cette curiosité de l'ailleurs, ce besoin d'échanger sur les différentes cultures. Tout le monde est plus cool. Parfois, on peut être juste connectés sur les réseaux et se partager les bons plans, sans jamais se rencontrer, tout en ayant cependant l'impression de se connaître un peu ! D'autres fois, cela va être de vraies rencontres et des amitiés vont se créer. Je sais, par exemple, que si je me rends à Biarritz ou Lacanau, je vais tomber sur des gens qui pratiquent non seulement le surf mais qui ont aussi le même mode de vie que moi. C'est plus simple de se fréquenter, on ne se pose pas de questions,

il n'y a pas de jugements, de préjugés, d'a priori, et ça, c'est une vraie richesse. Je noue souvent de nouvelles relations, mais c'est certain que le fait d'être connu me permet de sociabiliser plus facilement partout où je me rends. On partage un repas, des bières (ne pas hésiter à en offrir !), on se donne des coups de main et des conseils : « Est-ce qu'il y a des vagues ce matin ? »
Le surf, comme d'autres sports de glisse, ou toute autre activité, reste un sport d'échanges et une fois que tu as rangé ta planche, tu peux aussi aller déguster des spécialités locales, siroter un apéro les pieds dans le sable, te balader, chercher un nouveau spot de rêve pour recommencer le lendemain. La vanlife, c'est de l'entraide, que tu fasses du surf, de la rando, de l'escalade… On peut se retrouver le soir autour d'un feu de camp et partager nos expériences de la journée !
Bon, parfois, pour quelques personnes, cette solidarité et cette fraternité sont moins évidentes, il peut rester une petite gêne « culturelle » qui est celle de ne pas vouloir déranger son voisin, mais il ne faut pas hésiter, pas une seule seconde. Certains vont également préférer rester un moment dans leur bulle – qu'ils voyagent en solitaire ou en couple – pour se retrouver seul(s) dans un endroit sauvage, puis, à d'autres moments, avoir envie de sociabiliser. Alors on va demander du sel à son voisin de spot, sympathiser et faire pendant quelque temps un bout de route ensemble ! Chacun reste libre d'agir comme il l'entend, communauté de vanlifers ou pas ! Il existe un véritable lien qui nous rassemble, nous les nomades, les road tripers, les fous des voyages, celui d'une vie de liberté, d'aventures et de richesses immatérielles ! Nous sommes une grande famille de la route.

PLANÈTE VAN

Avant de faire le premier grand voyage, tu peux aller sur les réseaux #vanlife pour te renseigner sur les différentes manières d'aménager ton fourgon, avoir des idées d'installation et de matériel, des astuces auxquelles on ne pense pas instinctivement. Sur les différents #vanlifers, #vanlifediaries, et j'en oublie, on peut aussi suivre les expériences et liker les photos des uns et des autres.
Pour rencontrer d'autres vanlifers en dehors des spots, il existe également pas mal de festivals, parfois véritables lieux d'exposition de fourgons « faits maison » où l'on parle de vie à bord, de vanlife en famille ou de destinations lointaines.
Le combi Volkswagen, c'est une énorme communauté, et dès que tu en croises un quelque part, c'est klaxon, coucou, shaka… On sympathise très rapidement, un véritable catalyseur, ce Combi !

ENJOY THE RIDE
Aloha
Surf

CETTE CARTE, C'EST LA TIENNE. À TOI D'Y NOTER LES ENDROITS OÙ TU AIMERAIS T'ARRÊTER ET D'Y ASSOCIER L'ACTIVITÉ QUE TU VOUDRAIS Y FAIRE !

TÉMOIGNAGE DE VANLIFER

@antonivilloni

Qui es-tu ?

Antoni Villoni, 29 ans, sportif professionnel et créateur de contenu. J'habite dans le Sud de la France. Ma vie est rythmée par le sport et les sensations fortes. J'ai adopté la vanlife depuis presque deux ans. Ça m'offre une liberté incroyable pour travailler : c'est fini de passer des heures à réserver un hôtel ou un restaurant, de parcourir des kilomètres entre le lieu où l'on veut être et celui où l'on doit dormir et manger. Je me suis aperçu que je prenais la vie de manière bien plus cool depuis que j'ai opté pour ce système de voyage !

Quel était ton premier trip ?

Mon premier trip était dans les Alpes, en été, entre la France et la Suisse, puis je suis descendu sur la côte en Italie. Je venais de faire aménager mon van, et je voulais y aller tranquille, histoire de voir ce qui fonctionnait et ce que je devrais changer. J'ai eu raison, car il m'a fallu plusieurs essais pour vraiment me rendre compte de ce qui était important, comment ranger par exemple, ou rendre les choses rapidement accessibles ! J'ai fait également pas mal de vanlife autour de chez moi, en trouvant de beaux points de vue juste pour passer la nuit (que je me suis empressé de faire découvrir à mon pote Bastos lors de ses voyages dans le Sud, haha).

C'est quoi pour toi la vanlife ?

À cause ou grâce à ma grande indécision, je dirais que j'ai plutôt une vie sans contraintes, je n'ai pas besoin de calculer pour savoir où aller, où dormir, où manger... Parfois, je pars de chez moi vers 23 heures, je roule quelques heures et me réveille le matin dans un endroit magnifique. Je prends mon vélo ou mon sac de BASE jump, je profite du gain de temps gagné sur les contraintes de logistique (où dormir, où manger) pour m'éclater dans des activités. Dormir directement sur place fait gagner pas mal d'heures de sommeil. Je dirais également que cette vie me permet de rencontrer énormément de vanlifers avec lesquels je n'aurais pas forcément échangé. Et puis, en ce qui concerne les soirées, si j'ai envie de boire avec mes potes, je ne me pose plus de questions pour savoir si je peux ou non conduire, car je peux dormir dans mon van et reprendre la route le lendemain !

Ta définition de l'aventure ?

Sortir de sa zone de confort. Si l'on rentre dans les détails, j'ajouterai que tu ne peux pas passer outre certaines contraintes, comme celles du repas, de la douche, des toilettes… Mais excepté ces impondérables, tout le reste, c'est du temps où l'on peut vraiment se consacrer à ce que l'on veut faire, explorer, se développer personnellement, apprendre de nouvelles choses comme le sport, une langue, une activité manuelle…

Les journées que je préfère, c'est quand je pars découvrir de nouvelles zones pour réaliser mes vidéos. Je repère à pied, par facilité de déplacement, car les chemins que je filme sont souvent difficiles d'accès, puis j'y retourne avec mon matos et mon vélo pour filmer. Sans le van, ce serait une organisation de ouf, mais là, j'ai tout à portée de main !

QUELLE DESTINATION ES-TU ?

1/Quel est l'accessoire indispensable à tes yeux ?

A. Une gourde
B. Ton livre préféré
C. De quoi écouter ta musique

2/Quelle serait la couleur intérieure de ton van ?

A. Du blanc, du bois, quelque chose de simple et naturel
B. Une couleur chaude, pour une ambiance cocooning
C. Des couleurs instagramables et actuelles

3/Au travail, il y a un désaccord au sein du groupe, que fais-tu ?

A. Tu fais tampon : tu calmes les gens en écoutant les deux parties
B. Tu fuis : les conflits de groupe, ce n'est pas pour toi
C. Tu prends le lead : trancher ne te fait pas peur

4/ Pour te détendre, que regarde-tu à la télévision ?

A. Un documentaire : Arte, mon BFF !
B. Une comédie musicale : *La La Land*, *Rent*, *Singing in the Rain*...
C. Ton film préféré, en boucle : pourquoi changer ?

5/ Tu peines à ouvrir les yeux, c'est la grande fatigue... Comment tu te reboostes ?

A. Tu relis un livre qui t'a donné la pêche ou qui t'évade en 2 lignes
B. Tu médites le soir avant de te coucher, détendu pour reprendre des forces
C. Tu prends soin de toi : bain, massage...

6/Quel est ton moyen de transport préféré (quand tu n'es pas en van) ?

A. Le vélo, la trottinette, tes pieds : du moment que t'es dehors, tu es bien
B. Métro, bus, tram... les transports en commun n'ont aucun secret pour toi
C. La voiture : tu adores conduire, tu es dans ta bulle

7/Ce soir, soirée en vue ! Ah non, une galère t'oblige à rester chez toi au dernier moment, que fais-tu ?

A. Tant pis, j'y vais quand même !
B. C'est la vie, il y aura une prochaine fois...
C. Tu cherches une excuse imparable pour éviter les reproches

8/Quel est ton plat préféré ?

A. Une petite salade de saison, ça te suffit

B. Raclette, tartiflette, croziflette… Quelque chose qui tient au corps

C. Huîtres, bigorneaux, crevettes… Les fruits de mer, ça se mange sans faim

9/Ta sonnerie de portable personnalisée, ça serait :

A. Une chanson française : Angèle, Yseult, Ben Mazué…

B. Un son apaisant : pépiement des oiseaux, bruit de la mer…

C. Le dernier son numéro 1 qui tabasse ! Comme ma chanson, par exemple…

10/Ta tenue de travail, c'est…

A. Au feeling : le premier truc qui passe sous ta main au réveil

B. Casual : tu fais simple avec des vêtements qui se coordonnent facilement

C. Réfléchi : tu passes un bon moment devant ton dressing

Tu as plus de A
DIRECTION LA CAMPAGNE !

La vie citadine, ses contraintes, sa pollution, ses bruits métalliques… Tu n'en peux plus ! Il est temps de retourner à un espace plus verdoyant et naturel. C'est le bon moment pour prendre ton van et partir à l'aventure. Un bol d'air pur te fera le plus grand bien, à toi de voir où tu décideras de couper le moteur : plutôt dans la campagne vallonnée, plate, rurale… ? En tout cas, le meilleur avec le van, c'est que tu peux partir et revenir quand tu veux, alors démarre sans pression et profite à fond de la brousse !

Tu as plus de B
DIRECTION LA MER !

Le roulement des vagues, les pieds dans le sable, l'air vent marin… C'est une ambiance reposante et décontractée que tu recherches, avec un horizon qui s'étire au loin et qui te permet de t'évader. En France, on a la chance d'avoir la mer ou l'océan qui borde la quasi-totalité du pays, à toi de voir si tu préfères la Manche, l'Atlantique ou la mer Méditerranée pour te ressourcer. Chaque lieu a son caractère, je ne doute pas qu'un petit coup d'accélérateur te conduira là où tu te sentiras le plus à ton aise. Chez toi, c'est partout maintenant.

Tu as plus de C
DIRECTION PAS TROP LOIN !

Prendre le large, oui, mais pas trop longtemps non plus, et c'est ok ! Tu aimes rencontrer de nouvelles personnes et partir en quête de nouveaux paysages, mais tu aimes aussi ton confort et tes repères. L'avantage du van, c'est qu'il peut concilier les deux car c'est toi qui décides de ton trajet et dès que tu en as marre, marche arrière toute et retour tranquille à la maison. Tu as le contrôle de A à Z avec cet espace de liberté suffisant que t'offre le van. N'hésite pas à agrandir cet espace au fur et à mesure, toujours à ton rythme.

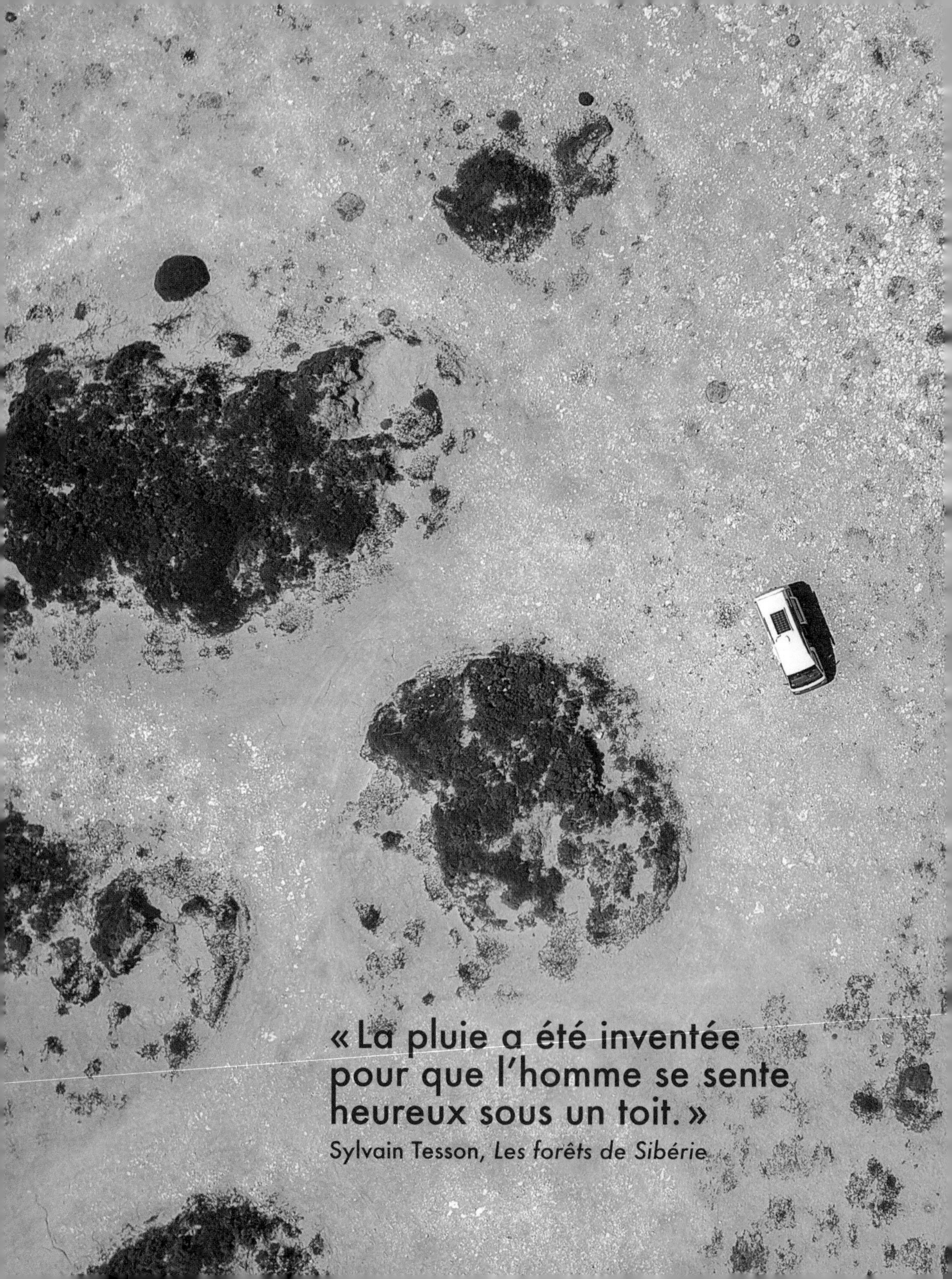

« La pluie a été inventée pour que l'homme se sente heureux sous un toit. »

Sylvain Tesson, *Les forêts de Sibérie*

AVENTURE 5

CONTRAINTES, GALÈRES & REMONTADA

WE HAVE NOTHING TO LOOSE AND A WORLD TO SEE

AVENTURE 5
CONTRAINTES, GALÈRES & REMONTADA

Voyager en van, c'est s'affranchir de toutes les contraintes temporelles et spatiales. C'est la liberté, mais une liberté qui peut comporter quelques désagréments, tout au moins lorsque l'on commence, les fameuses erreurs des débutants. Quand tu regardes les photos #vanlife postées sur Instagram, cela ressemble à une vie de rêve, mais, derrière ces clichés mégafiltrés et bien léchés se cachent certaines réalités à ne pas minimiser, en particulier si tu décides d'embarquer toute ta famille pour un tour du monde ou de partir à deux dans un voyage au long cours. On peut idéaliser un peu trop la vie dans un van tant elle paraît agréable sur les réseaux sociaux. Pour moi, pourtant, tout est bien dans la vanlife, il n'y a rien à enlever et il y a tout à expérimenter. La magie demeure, quels que soient les galères, les pannes, le manque de confort, la pluie, les embrouilles, les cafouillages. Plus on apprend de ses propres erreurs, plus on devient débrouillard. La vanlife, ça reste une promesse de liberté !

LES CONTRAINTES MADE IN VAN

Et la liberté, c'est la possibilité de choisir ses contraintes, ou tout au moins de les connaître et de faire avec. Car, oui, le voyage a toutes les chances d'être beau et inoubliable, mais avant de sillonner les routes de France et de Navarre, on n'oublie pas plusieurs éléments inhérents au road trip. J'en ai listé quelques-uns.

• L'espace réduit : on n'emporte que le strict minimum. Il faut rester pragmatique : qu'est-ce que je prends pour dormir, manger, sortir, faire du sport, m'occuper les jours de pluie, me laver, faire le ménage ? Comment j'optimise mon rangement ?

• La grande promiscuité à deux : devoir partager un espace exigu risque de provoquer des tensions... sur tout et n'importe quoi, et même si vous êtes très amoureux l'un de l'autre ! Difficile d'aller bouder dans un coin, car il n'y en a pas !

• Le confinement en famille : la cohabitation se révèle parfois orageuse si l'on ne réussit pas à se retrouver seul avec soi-même – que l'on soit un enfant ou un parent –, à aucun moment de la journée. Profiter pleinement de ses vacances devient alors plus compliqué.

• Le manque de confort : lit étroit, température (qui peut être) caniculaire l'été et glaciale l'hiver, problème de place.

• L'ordre : peu d'espace, bazar à proscrire. L'exiguïté du lieu est source de stress, surtout si vous partez à deux ou en famille. On passe beaucoup de temps à ranger et à ranger encore et encore. Tu remarqueras que les cinq premiers points sont très liés.

• Le sommeil haché ou plus léger : avec un lit plus étroit et les bruits extérieurs, la peur (infondée) d'être dérangé, les nuits seront probablement moins reposantes, en particulier, pour les dormeurs au sommeil léger et sensible, qui vont alors se mettre en mode « veille » et sursauter au moindre ploc sur la tôle.

• Les toilettes : un peu plus difficile lorsque l'on est une femme, notamment au moment des règles. Pour ma part, je n'éprouve aucun problème pour aller faire un petit tour dans les bois, muni de mon indispensable pelle, de mon papier toilette et de mon sac à caca !

• L'hygiène : à la différence du camping-car ou du fourgon, on n'a guère de place pour une cabine de douche. On doit donc se débrouiller avec les moyens du bord : une toilette de chat avec une bassine et un gant de toilette, ou avec des lingettes (pas très écolos, je sais, mais très pratiques pour dépanner lorsqu'il faut se laver à l'intérieur du van), ou bien, ô bonheur, un mince filet d'eau froide à l'extérieur du van de temps à autre (mais, expérience vécue, même avec un panneau solaire, l'eau est rarement chaude), ou encore, ne pas hésiter à profiter d'une bonne pression dans les douches publiques.

• La solitude : pour moi, ce n'est pas un problème, mais si l'on part seul dans un long voyage, le risque de se sentir isolé, voire un peu paria, peut se produire. Le fait de vivre dans un van, sorte de cocon-refuge, réservé exclusivement à soi, accentue également sans doute ce ressenti. Il arrive que l'on évolue en « van clos » sans voir personne. Après, être solitaire ne signifie pas être isolé non plus.

• Trouver un endroit où dormir chaque soir : ça paraît plutôt excitant, écrit sur le papier, mais lorsque l'on part en vadrouille pour plusieurs mois et que l'on change quotidiennement de spot, cela peut aussi devenir contraignant et stressant. Est-ce qu'on a le droit de dormir ici, est-ce que c'est sécurisé, va-t-on être dérangé par des passants ou par la police, etc.

• Voyager avec son animal : si tu loues ton van, savoir au préalable si le loueur autorise leur compagnie. S'assurer que ton chien ou ton chat a un espace bien à lui, qu'il n'a pas le mal de cœur en voiture, qu'il n'a pas trop chaud l'été, qu'il peut sortir sans que ce soit interdit.

LES RÈGLES DE BONNE CONDUITE

Pour rappel, la législation reste très floue en ce qui concerne les vans, fourgons et autres véhicules aménagés. Mais quand on dort dans un van, il est bon de garder à l'esprit certains points pour éviter toute source de tension :

- on ne gêne ni la circulation ni l'entrée d'un lieu ;
- on ne laisse JAMAIS ses déchets derrière soi et on ne dégrade pas la nature en roulant dans les champs par exemple ;
- on ne verse pas ses eaux usées sur le sol ;
- on ne fait pas de feu et on laisse tranquilles les animaux qui pourraient rôder ;
- on respecte son voisinage et, sur un parking, on ne dépasse pas les marquages au sol ;
- on encourage l'économie locale autant que possible ;
- on arrive idéalement avant le coucher du soleil pour mieux choisir, visualiser l'endroit et éviter les mauvaises surprises.

LES PEURS

Au tout début, la peur vient du fait que l'on s'aventure dans quelque chose que l'on ne connaît pas. Et l'inconnu fait toujours peur, c'est une sorte d'appréhension qui peut être tétanisante. En réalité, partir loin de chez soi, c'est surtout exaltant. Je le répète une nouvelle fois, mais la peur, c'est dans la tête.

• Les peurs des agressions : je ne connais personne qui ait été agressé en van, mais je comprends que l'on ressente, au départ, la peur de l'insécurité, notamment lorsque l'on est une femme. Lors de mes premiers road trips, j'avais peur moi-même, je l'avoue. Je pensais que dormir sur une aire d'autoroute ou en pleine campagne était risqué. Est-ce que quelqu'un n'allait pas venir toquer à ma porte de manière intempestive ? Je voulais m'armer, j'ai même failli acheter une arbalète ! Mais jamais personne n'a surgi. Que viendraient voler des cambrioleurs dans un van où le strict minimum est la règle ? Et puis, la personne qui pourrait éventuellement t'agresser ne sait pas au final qui dort dans le van : une femme, un homme, ou bien sommes-nous plusieurs, armés, protégés par un chien féroce ? Non, cela ne vaut pas le coup de tenter l'effraction d'un fourgon.

Cette insécurité est malheureusement créée et relayée la plupart du temps par les médias, même si elle ne correspond à aucune réalité de terrain. Lorsque tu voyages en van, la peur reste irrationnelle.
Il faut savoir garder son sang-froid et se convaincre que l'on ne craint rien. Quand tu t'aventures seul sur les routes, personne ne sera là pour te rassurer et il te faudra souvent des semaines d'adaptation avant de te sentir totalement bien. Pourtant, je t'assure, on est davantage en sécurité dans une maison sur roues que dans son propre appartement, dans un jardin à ciel ouvert que dans une ruelle de sa propre ville.
Comme on a, en outre, fréquemment une image de marginaux qui nous colle à la peau – une image d'ailleurs qui varie du plus au moins négatif selon les régions en France –, les « sédentaires » n'aiment pas trop nous voir stationner dans leur secteur. En ce qui me concerne, je n'ai jamais été ennuyé, sauf par des personnes qui voulaient prendre des photos avec moi !

• Les bruits extérieurs : ce sont les bruits d'animaux, le hululement des chouettes, le grognement des sangliers, le glapissement des renards, les rongeurs qui trottinent sur le toit, ou des sons non identifiés qui nous empêchent, les premiers temps, de dormir à poings fermés. Le souffle du vent peut effrayer bien davantage, car tu as peur que ton van s'envole dans une bourrasque (même si le van pèse plus d'une tonne !). La nature est bruyante !

• La peur des pannes de toutes sortes : et notamment la crevaison, le manque de pièces de rechange si tu es dans un pays étranger où ton véhicule n'est nullement commercialisé.
Cette appréhension d'être bloqué et délogé deux semaines hors de ton van te convainc parfois de rester en France – ou dans le pays des Volkswagen ! –, car tu sais que si tu as un ennui, la solution se trouve à portée de garage. Bien entendu, là aussi, cette crainte est totalement irrationnelle puisque tu peux louer un van quand tu quittes notre bon vieux pays !

• Ne pas respecter à la lettre son planning : la peur de ne pas tout voir, d'avoir loupé tel ou tel spot, de ne pas être parvenu à tomber sur le petit chemin de terre qui conduisait à ce fameux… mais si, tu sais bien, à ce fameux point de vue qu'il ne fallait manquer pour rien au monde !

GALÈRES ET EMMERDEMENTS

Qui n'a pas connu son lot d'enquiquinements liés à son véhicule, au temps, à des événements totalement imprévus ?

• Les pannes : rappelle-toi, lors de mon retour de New York, j'étais pressé de renouer avec la *real life*. J'ai acheté le van de mes rêves qui devint bientôt le van de mes cauchemars. Pannes à répétition, angoisses du démarrage, stress permanent, l'anti-Combo de la vanlife. Mon pire ennemi, mon boulet, un véritable enfer sur terre.

Tu pourrais aussi expérimenter malheureusement d'autres types de pannes toutes plus sympas les unes que les autres : fuite de gaz, réservoir d'essence vide, pneu crevé, problème non identifié, enlisement, tentative de vol, câble du frein qui lâche, tuyau de moteur (fabriqué en amidon de maïs) qui attire les martres comme les mouches sur le miel et qui sera dévoré en moins d'une nuit (expérience vécue !), etc.

Quand le problème est plus compliqué que la simple panne d'essence et que tu dois appeler des dépanneurs et laisser ta « maison » dans un garage dans lequel tu ne peux dormir, cela devient plus stressant. Parfois, le garagiste accepte que tu squattes dans sa cour, mais s'il ne le veut pas et que tu n'as pas les moyens de te payer une chambre d'hôtel, c'est vraiment galère.

• L'explosion de la vanlife : dans l'avenir, cela risque de devenir plus contraignant de se poser quelque part en toute quiétude, car il y a de plus en plus de monde qui se met à adopter le « nomadisme ». Cette liberté touristique en plein essor pousse par

conséquent les riverains à se plaindre, les flics à être encore plus zélés (voir point suivant) et les autorités à imposer de nouvelles restrictions. Un autre problème lié au succès de la vanlife réside dans le fait que certains s'essaient à ce mode de voyage, mais sans savoir tout ce que ça implique et sans respecter de nombreux codes, dont ceux de la propreté : ils laissent leurs déchets, mais aussi leurs excréments. La plupart des pays sont encore cools, mais des régions, comme l'Islande ou les îles Lofoten, très courues par les road tripers, sont à présent soumises à des réglementations plus strictes.

• La police : en France, on peut se garer à peu près n'importe où… sauf en agglomération, en bord de mer ou près des monuments historiques. Les maires peuvent, par arrêté municipal, interdire ou restreindre le stationnement dans leur secteur. Les flics sont toujours là, on dirait presque qu'ils nous guettent. Parfois, c'est ultra pénible, d'autres (rares) fois, il y a un seuil de tolérance, et ça, c'est bien. Au début, par exemple, lorsque je garais mon van dans un parking à Biarritz, je n'ouvrais jamais mon toit car cela indiquait que j'y dormais, mais, assez rapidement, je me suis rendu compte que les policiers étaient plus souples là-bas. Dans les réserves naturelles ou les endroits protégés, c'est également plus difficile pour les vans ou les camping-cars. Lorsque tu fais du camping sauvage, il ne faut pas se garer non plus dans un rayon de 200 mètres autour d'un point d'eau qui est utilisé pour la consommation.

• La pluie et l'humidité : si tu es tout seul, tu peux gérer. En couple, c'est plus difficile, quelques jours de pluie peuvent déclencher une véritable tempête à l'intérieur du van ! En famille, cela peut devenir également compliqué émotionnellement. Côté pratique, si tu n'as pas prévu un sommier « à trou », ton matelas n'appréciera guère cinq jours de pluie non-stop. Côté sensoriel, le bruit de la pluie tambourinant sur la tôle est également assez usant, lassant, monotone, exaspérant.
Si la pluie dure une journée, cela reste gérable, mais lorsqu'elle persiste plusieurs jours, elle sape le moral. Après s'être extasié

Les Trois Granges
Le Planey

devant le musée du coin consacré à la sculpture sur bois, avalé moult breuvages dans le café du village, goûté aux spécialités culinaires de la région, on commence à se remettre en question : qu'est-ce que je fais là ?
Le temps, comme les dimanches après-midi quand on était petit, s'étire à l'infini, il devient distordu et il faut savoir gérer cette soudaine quantité de temps disponible et, encore plus, si tu n'as pas de connexion Internet.

Le van vend du rêve
On se fait souvent contrôler, verbaliser, emmerder par les flics, oui. Mais, parfois, la maréchaussée te réserve quelques bonnes surprises. Tu te gares sur une place a priori prohibée, la police arrive… mais te demande de visiter ton van ! Ça m'est arrivé avec mon ancien Combi Volkswagen !

• La canicule : épuisant. La journée, ça passe. La nuit, tu ne peux pas dormir. Une fois, j'étais dans un grand parking, à Biarritz. Il faisait une bonne trentaine de degrés la nuit, impossible de dormir. J'aurais pu me reposer en haut, mais si je le faisais, je devais ouvrir mon toit et j'aurais été aussitôt repéré par les flics. Mauvaise solution, donc. Je me suis couché en bas. Problème : aucune aération. Mon seul recours a été de tout ouvrir : coffre, portière latérale, fenêtres pour créer un courant d'air. J'avais une seule peur, celle que quelqu'un profite de mon sommeil – que j'ai lourd – pour me cambrioler. La canicule a duré plusieurs jours, mon van était ouvert aux quatre vents, mais jamais personne n'est venu.

• Le manque de w.-c. gratuits : quand tu es une femme et que tu as tes règles chaque mois, c'est franchement plus gênant et plus compliqué.

• Les moustiques : on a déjà beaucoup parlé de ces bestioles qui sont encore plus terrifiantes en van. Mais si tu vas en Camargue, tu auras probablement le bonheur de nouer des relations urticantes avec des mouches simulies, espèces de petits moucherons noirs dont les piqûres grattent furieusement. Sans oublier les fameux midges, ennemis volants particulièrement voraces, qui sévissent l'été, notamment en Écosse, et peuvent transformer ton road trip en agression constante et contrariante.

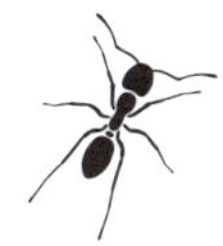

• Les invasions de fourmis : c'est un problème récurrent. Tu t'es garé à un endroit topissime, au pied d'un magnifique olivier, tu es heureux comme un poisson dans son van et tu t'endors du sommeil du juste. Le lendemain matin, tu remarques, en ouvrant les yeux, deux trois micro-fourmis au plafond. Tu te dis, t'es dans la nature, c'est normal. Puis, en y regardant de plus près, tu observes une colonne d'insectes qui sont parvenus à se faufiler à travers les mailles de la moustiquaire. Il m'a fallu m'armer de ma balayette, de mon aspirateur et d'un temps fou pour anéantir ces envahisseuses ! C'était au moment d'un tournage, donc ça m'a pris du temps et beaucoup d'énergie !

• Le manque de connexion Internet : l'horreur, je vous en parle dans le dernier chapitre !

• Les indélicats : il en existe plusieurs sortes. Pour ma part, je suis très vite excédé par le bruit des personnes qui mettent la musique à fond et qui ont décidé de faire une fête à l'extérieur. Avec des types au fort taux d'alcoolémie, c'est impossible de raisonner. Les mots claquent, le ton se veut bravache, chacun campe sur ses positions, la baston n'est jamais loin, surtout si, à un moment, ces personnes s'assoient sur TON van, ta maison, ton chez-toi. Je veux bien que l'on ne soit pas matérialiste quand on est vanlifer, et je suis parfaitement d'accord sur le fait que les road tripers aiment les échanges et le partage, mais on perd tout sens de l'humour si quelqu'un ose « brusquer » ton van !
À Lacanau, par exemple, sur un immense parking, au cœur d'une forêt de pins, se retrouvent autour d'un point central un nombre conséquent de vans. Tu sais donc pertinemment que si tu te poses là-bas, il y aura du bruit, de la musique, etc. Libre à toi alors d'aller ailleurs. De manière générale, je trouve que les vanlifers sont plutôt respectueux entre eux. Dans quelques pays également,

comme la Finlande, le parking se trouve être le seul lieu de retrouvailles festives entre locaux qui habitent tous à des années-lumière les uns des autres. Alors, amis vanlifers recherchant le calme et chérissant le silence, vous voilà prévenus.
Parmi les indélicats, il existe aussi de charmantes personnes qui s'amusent à klaxonner toute la nuit ou à jeter des cailloux sur ton véhicule, comme ça, par plaisir, par ennui. Sans oublier les voisins relous, comme les locaux qui n'apprécient guère de te découvrir dans leur champ de vision. Ils sont même assez pénibles. Ils ne seront pas gênés par le bruit, non, mais par le fait que des vans et des fourgons sont garés non loin de chez eux. Ils associent ces véhicules aux gens du voyage, et la réputation dont ces derniers pâtissent fait le reste : la maison des locaux risque d'être cambriolée. Ils sont capables de venir te voir pour te faire rebrousser chemin et, si on conteste, ils appellent la police. Certains, qui n'habitent même pas le coin, vont rouler des dizaines de kilomètres juste pour te seriner que tu n'as pas le droit de te garer ici, sur le littoral par exemple, ou en Corse, et vont jouer aux policiers.
« L'enfer, c'est [parfois] les autres. »

LA REMONTADA

Passés les peurs, les contraintes, les emmerdements, voici venu le temps de la vanlife ! On a de la chance, ou plus précisément, on a choisi de vivre cette vie, et sache-le, les galères ne durent jamais. Il faut toujours rester positif, car il y a une solution à tout !

TIPS VAN BASTOS

• Pour acheter le van de ses rêves : prendre son temps, car il va être à la fois ton véhicule, ton salon, ta cuisine, ta chambre, ton cocon… C'est quand même l'élément qui fera de ton voyage une expérience réussie. La vanlife, ça signifie plein de choses : vivre en camping-car, en fourgon aménagé, en Combi, dans un véhicule stylé, *old school*, vintage, il existe énormément d'options et de manières de pratiquer le road trip !

L'erreur serait d'acheter sans savoir ce que l'on aime et ce que l'on veut réellement faire. Je sais qu'il existe pas mal de vans qui sont achetés comme de véritables coups de cœur, et qui sont très vite revendus. Le mieux, au début, c'est de louer.

• Pour créer plus d'espace dans ton van : comme on ne peut pas avoir autant de vêtements ni autant de matériel que l'on voudrait, il faut se créer de petits lieux de stockage, chez les potes par exemple ! Moi, je leur laisse très souvent ma combinaison à sécher et ma planche de surf, et je les récupère dès que j'en ai besoin.

• Pour éviter la panne d'essence (et tout autre ennui du même genre) : c'est vraiment si tu n'es pas prévoyant du tout. Il existe quelques applications, comme GasNow, qui localisent les stations d'essence les plus proches et les moins chères. Si tu es vraiment inquiet et que tu voyages dans des déserts, prévois un jerricane d'essence. Et si tu es embourbé, il y aura toujours des gens sympas pour t'aider ! Après, c'est quand même utile d'avoir des bases en mécanique et une bonne trousse à outils !

• Pour trouver un endroit safe : j'en ai déjà parlé, mais il existe pas mal d'applis pour se poser en toute sérénité (communauté des vanlifers, Park4Night, HomeCamper, etc.), et même si moi je n'en n'utilise pas, tu peux te servir d'une carte pour mieux visualiser où tu te rends. Il vaut mieux s'installer avant la tombée de la nuit, cela te permet de voir où tu vas dormir et d'inspecter un peu les lieux : si tu trouves des cannettes de bières et autres détritus de fastfood, passe ton chemin, car tu te trouves dans un lieu de rencontre d'indélicats. L'endroit est mal entretenu ? Cela te donne un indice supplémentaire pour ne pas y rester !

• Pour éviter les emmerdements : certains laissent devant leur porte une laisse de chien, des chaussures d'homme, taille 46, possèdent un spray au poivre. Dans tous les cas, et même si je rappelle qu'il est rare que l'on soit embêté, verrouille ta porte et pose des rideaux opaques pour préserver ton intimité.

• Pour éviter d'avoir peur : ne pas être méfiant, juste prudent. Comme je l'ai dit précédemment, la peur est conditionnée par les médias d'une part, ou parce que l'on nous a appris, dans notre enfance, à être méfiant (à raison). D'une manière générale, écoute ton instinct et tes intuitions, et si tu le sens mal, file ailleurs. C'est un conseil de nomade. Mais lorsque tu arrives dans un endroit, si tu es sympa et souriant, tout se passera merveilleusement bien. Cela améliore grandement l'expérience de la vanlife. Les rencontres te permettent de te faire des alliés, que ce soit des locaux ou des nomades.

Si tu voyages seul, tu peux partager ta géolocalisation, donner régulièrement des nouvelles à tes proches, envoyer des photos, appeler. Lorsque tu pars dans des pays à l'étranger plus « sensibles », tu peux t'inscrire sur le site Ariane du ministère des Affaires étrangères qui t'informe en cas de souci.

• Pour rompre la solitude : avoir une bouteille à partager et des choses à grignoter !

• Pour l'hygiène : il existe quelques solutions pour les moins téméraires ☺ ! Tu peux te laver dans les douches publiques, celles des aires d'autoroutes ou des campings. Pour aller aux toilettes, même super astuce, en ajoutant en plus ceux des restaurants et si tu es en ville, les w.-c. publics, situés jamais très loin des mairies. Il y a même une appli Flush qui indique plus de 200 000 toilettes publiques disponibles, pour les envies très pressantes, ça peut aider ! Pour la gent féminine, on trouve également des accessoires permettant d'uriner n'importe où dans la nature sans être vue, ce sont les « pisse-debout » pour uriner comme un homme, c'est discret et hyper-pratique ! Un de mes potes a aussi détourné une chaise Décathlon, au milieu de laquelle il a percé un trou, puis disposé une petite bassine en dessous. Il peut ainsi se soulager en toute quiétude, même en agglomération, ni vu ni connu !

• Pour éviter les galères : par définition, elles sont imprévisibles et donc inévitables mais sache qu'une galère ne dure jamais longtemps, et qu'une galère qui en était une à la base te fait maintenant sourire et t'apprend même à mieux gérer la suivante !

• Pour éviter le stress : voyager en vanlife, c'est accepter de ne pas tout contrôler ! Oui, à un moment, ta bonbonne de gaz va se vider, ton pneu arrière se dégonfler, mais accueille l'imprévu comme un ami qui te veut du bien !

ACTIVITÉS COCOONING POUR PASSER LE TEMPS PAR TEMPS DE PLUIE

> Si tu es seul :

1. écrire un livre sur la vanlifew ;
2. écrire un journal de bord pour fixer ce que tu vis au quotidien, car ce sont des expériences qui passent paradoxalement vite et lentement, le temps est biaisé ;
3. réseauter pour le plaisir, regarder un film sur son petit écran ;
4. écouter un audiolivre, un podcast, lire un bon livre ;
5. réseauter pour le travail, écrire à des potes, monter des vidéos, créer, dessiner, etc ;
6. regarder la pluie tomber ;
7. pour ceux qui aiment et qui ont la possibilité de le faire à l'intérieur, cuisiner, mais bon, moi je préfère aller au resto !
8. aller au musée, au cinéma, au centre commercial (activités de folie, non ?) ;
9. sortir (bon, après tu seras mouillé et il faudra faire sécher ton linge), mais tu peux aussi en profiter pour te laver si tu n'es pas trop frileux !
10. fuir et rouler pour retrouver l'éclaircie (tu peux rouler longtemps…) ! En Islande, il y a un dicton qui dit : « Si tu n'aimes pas le temps qu'il fait, attends 5 minutes. » Les Bretons préféreront : « Chez nous, il fait beau plusieurs fois par jour. »

> Si vous êtes en couple :

1. Scrabble, tarot, Puissance 4… Mais non, je rigole, bien sûr, on se fait des câlins sans fin !
2. réseauter chacun de son côté ;
3. éviter de s'engueuler car vous n'avez nulle part où vous réfugiez !

> Si vous êtes en famille :

1. regarder la pluie tomber et dessiner sur les vitres pleines de buée ;
2. jouer à des jeux de société (si vous avez vraiment la place d'en apporter, sinon jeux de cartes) ;
3. activités manuelles, tricot, macramé, bracelet parisien, origami, bijoux, dessins, peintures, scoubidou, la seule condition étant d'avoir le matériel nécessaire pour faire son activité manuelle. Quand on était petits, on en faisait plein avec mon frère et ma sœur !
4. s'instruire avec des jeux vidéo ☺...
5. lecture de ce livre.

LES DÉCOUVERTES

On devient par la force des choses, mais aussi par goût, un peu meilleur en pas mal de choses.

• En mécanique : tu n'étais pas bricoleur (et plutôt nul en mécanique), tu vas le devenir ! Car conduire un van, ce n'est pas simplement être au volant d'une voiture. Non. Au fil des expériences, le MacGyver qui est en toi prend le lead. Pour les plus doués, le problème mécanique est même détectable au bruit de l'engin ! Et c'est juste un kiff total de savoir réparer son véhicule.

• En débrouillardise : une galère ? Où ça ? Prendre une douche ? Facile, faut juste ne pas être trop exigeant !

• En minimalisme : on parvient sans aucun mal à s'affranchir d'un certain de confort. On devient riche en temps et plus pauvre en possession ! On devient plus organisé, plus libre, moins matérialiste.

On n'a vraiment pas besoin de grand-chose en van. « Less is more », comme on dit, avec trop on se perd, avec moins on se trouve !

• Sur soi-même : on vit les choses plus intensément. La vanlife, c'est de l'émotion à l'état brut. On est à l'exact opposé d'une vie routinière que l'on aurait chez soi, entre quatre murs, dans un confort absolu. Avec la fatigue, les émotions prennent parfois d'autres proportions, la sensibilité est exacerbée, les joies sont plus grandes. Écrire permet, par exemple, de mieux comprendre ses émotions. C'est un bon moment pour l'introspection.

• En rencontrant des gens : si tu étais timide, tu vas vite sortir de ta coquille, mais c'est toujours toi qui décides de tes interactions avec les gens. Simplement, aller à la rencontre de la communauté vanlife, c'est sociabiliser avec des gens qui ont le même état d'esprit que toi et c'est souvent des rencontres très chouettes. Cette nouvelle capacité te sera bien utile lorsqu'il faudra négocier une amende...

• En relativité : oui, le pneu a encore crevé, ha ce petit bruit indique qu'il faut aller chez le garagiste... Tu ne paniques plus à la moindre galère, tu relativises mieux les évènements et cela même sur les mésaventures de la vie en général. La grande leçon, c'est qu'il y a toujours une solution et que tu es mieux armé pour la trouver désormais, quelle que soit la difficulté qui se présente.

• En profitant de la nature : À fond. C'est la meilleure façon de pouvoir l'apprécier. La découvrir en van, c'est le faire dans des conditions privilégiées car tu as le temps de la saisir dans un espace que tu auras choisi. Une conjonction parfaite pour te ressourcer vraiment.

Trust

-The-

Process

GALÈRES & REMONTADA

**ÉCRIS ICI TES GALÈRES & REMONTADA DE L'ANNÉE,
CE SUIVI TE RAPPELLERA DE BONS SOUVENIRS (OU PAS).**

JANVIER	FÉVRIER	MARS	AVRIL	MAI	JUIN

TO DO

JUILLET	AOÛT	SEPTEMBRE	OCTOBRE	NOVEMBRE	DÉCEMBRE

TÉMOIGNAGE
GALERIE DE GALÈRES

Sosobouragh

C'était en Australie. Avec mon ex, on avait acheté un van à Sydney pour faire un road trip de l'île-continent ! Mais avec ce van, on a eu des soucis du début à la fin...

On avait travaillé des semaines, le dos fracassé, à planter des fraisiers, et on reprenait la route, mais cette fois à six, histoire de partager les frais. On était trois Français, deux Belges et un Australien. (On dirait une bonne blague, non ?) On avait déjà parcouru des centaines de kilomètres et, là, juste avant d'arriver dans une petite ville du nord de l'Australie, gros bruit dans le moteur. On s'est garés sur le bas-côté à l'entrée de la ville. Il était assez tard, il n'y avait pas de garage ouvert, pas de camping dispo, et on était trop pauvres pour l'hôtel.

Deux Australiens ont fini par s'arrêter : bermudas beiges, accent à couper au couteau, pick-up en ruines, l'archétype des mecs de l'Australie profonde. Ils ont échangé avec l'autre Australien, ont fait tourner le rhum et le joint et, après avoir trifouillé sous le capot, ils ont déclaré avoir la pièce de remplacement chez eux. Ils ont proposé que l'un d'entre nous les accompagne. Moi, j'étais plutôt flippée (je lis les faits divers quand même !), mais les autres m'ont rassurée et notre pote australien est parti avec eux. Au bout d'une heure, ils sont revenus et ont réparé le van. Un truc de dingue. Ils nous ont dit que l'on pouvait dormir chez eux vu qu'on était à la rue. Moi, toujours sur mes gardes, j'ai refusé, mais les autres m'ont chambrée et on y est allés.

On a pris d'abord la route principale, puis une petite route, et on s'est enfoncés de plus en plus dans le bush. On a suivi une route défoncée pendant des kilomètres. Là, crise de panique. Je me suis vue finir comme dans *Wolf Creek*, un film d'horreur australien, et j'ai crié pour qu'on se tire ! Mais on a continué et on est arrivés chez eux. C'était un cauchemar. Isolés, pas de réseau, personne ne savait où on était.

J'ai réussi à convaincre la team de se barrer le plus vite possible ! On a fait demi-tour, tout le monde hurlait, car il y avait ceux qui voulaient rester et les autres, dont moi. Les mecs nous ont poursuivis un moment, puis se sont arrêtés.On a roulé encore pendant un moment, on a rejoint une aire d'autoroute et on a fini par (mal) dormir à six dans le van. Pour la petite anecdote, le véhicule est mort quelques centaines de kilomètres plus loin, mais ça, c'est une autre histoire !

Marion

Je me souviens de pas mal de galères. Je me suis embourbée, par exemple, au bord d'une rivière dans un endroit totalement désert. Je voulais camper à la fraîche et je me suis retrouvée à faire du stop pour chercher une voiture capable de nous remorquer. Une nuit de canicule, l'été, on avait laissé la fenêtre entrouverte et une chauve-souris s'est invitée à l'intérieur.
Un autre jour, dans un coin perdu de haute montagne, le cache du moteur s'était décroché, car je n'avais pas vu les énormes racines des arbres. On était totalement isolés. On a scotché le tout, mais cela ne tenait pas plus d'une heure à cause de la chaleur. On a mis deux jours pour trouver un garagiste. Une autre fois, mais ça, c'est la galère classique, on a passé une nuit sur un emplacement interdit. À 8 heures du matin, la police a toqué à la porte. On a échappé à l'amende, mais on a vite déguerpi !

Pau

On était avec des amis, la nuit tombait, et on n'avait aucun endroit où dormir, ni champs ni parking. Après quelques kilomètres à rouler, un panneau indique : « Ici aire de repos camping-car ». On a pris une petite route pour y aller, mais, nos phares avant n'éclairaient plus. On est sortis du van, la nuit était totalement noire, on a allumé les lampes-torches de nos téléphones, et là, je ne sais pas ce qui s'est passé, le van s'est retrouvé dans la rivière, complètement retourné ! Plus de peur que de mal pour le conducteur qui était resté au volant ! Les dépanneurs sont arrivés… le lendemain !

« L'amour ne fait peut-être pas tourner le monde, mais je dois admettre qu'il rend le voyage intéressant. »

Sean Connery, alias James Bond,
grand amoureux et grand voyageur

AVENTURE 6
AH, L'AMOUR...!

I LOVE YOU
TO THE
MOUNTAINS
AND BACK

AVENTURE 6
AH, L'AMOUR... !

Lorsque j'ai commencé mes road trips en France, à mon retour des États-Unis, j'étais seul et cela m'allait complètement. J'aime le lien social, je suis sur les réseaux sociaux, mais j'apprécie aussi la solitude, c'est le paradoxe humain. La route m'a permis de me retrouver, de partir à la rencontre des autres, de créer de nouveaux liens. La vandate, c'était pour moi une façon de vivre une expérience, un début de relation différent de celui que l'on connaît d'habitude. C'était une manière de faire rentrer cette personne dans ma vie afin qu'elle découvre qui je suis vraiment.

L'IDÉE

J'étais célibataire et je cherchais une série à réaliser avec mon van. Je savais que l'amour et le dating marchaient bien sur YouTube, j'avais un peu pensé à une émission de télé-réalité américaine, *Next*, dont le concept est basé sur des speed datings entre un garçon ou une fille et plusieurs candidats. À l'époque, personne n'avait eu l'idée de faire ça, alors je me suis lancé. Ça arrivait à point nommé, et cela me permettait également de partager, via les réseaux, mon mode de vie, la vanlife.
J'ai commencé les vandates juste après le premier confinement, à l'été 2020. Après des semaines de déprime et de grisaille face à nos écrans égrenant le nombre de victimes quotidiennes, l'éclaircie : on pouvait enfin dépasser la limite des 10 kilomètres autour de chez soi, sans autorisation spécifique (un truc de fou !), on était de nouveau libres (un truc de fou !), tout en obéissant à des consignes assez directives « Fais pas ci, fais pas ça » (oui maman !) qui nous contraignaient à rester en France.
Cette brise légère de liberté, je l'ai chérie comme tout le monde, et j'en ai profité pour tracer la route. J'ai pris mon van, direction le sud, la mer, les montagnes.

À lire absolument avant de partir en van avec sa/son chéri(e)

- le van, c'est petit (vraiment) et la distanciation sociale (ici) est impossible ;
- le confort n'est pas garanti ;
- l'hygiène non plus (c'est quoi, cette odeur ?) ;
- la pluie sans fin, c'est l'engueulade assurée ;
- les broutilles peuvent devenir des « J'en ai marre, je pars » ;
- nature grincheuse, boudeuse, cyclothymique, lunatique, épargnez votre partenaire : ne partez pas ;
- rancunier et ruminant, épargnez votre partenaire : préférez la sédentarité ;
- l'exiguïté rend les tensions, on va dire, plus « palpables » ;
- pudique de nature, mal à l'aise les fesses à l'air pour faire pipi-caca dans la nature, le road trip n'est pas pour vous, encore moins avec votre chéri(e) ;
- ronfleur, quel dommage pour votre chéri(e), mais optez pour la solution de deux vans ;
- la vanlife n'est pas adaptée à tous les couples (non, non) ;

MES VANDATES

Je commence toujours de la même manière.
Je lance un appel à mes abonnés à partir de l'endroit où je me trouve. Je reçois chaque fois énormément de réponses. Le nombre est plus ou moins variable en fonction de la taille de la ville, parfois cela peut atteindre un niveau stratosphérique ! À Marseille, j'en ai reçu des centaines et, forcément, je ne pouvais pas toutes les regarder.
Puis j'entame la sélection. Je vais choisir une personne qui me plaît physiquement, c'est certain, mais, surtout, je vais privilégier quelqu'un qui me semble avoir la meilleure énergie, une bonne répartie, qui me paraît être d'humeur joyeuse, une personne qui conviendra également pour le tournage de la vidéo YouTube, mais avec laquelle surtout je vais passer de bons moments, me marrer et bien m'entendre.
Parfois, je vais préférer une fille qui ne semble pas du tout adaptée à la vanlife, qui ne sort jamais de chez elle sans être ultra-apprêtée, chaussée de talons aiguilles, qui n'a rien prévu comme vêtements pour notre road trip de deux jours, car ça donnera une vidéo beaucoup plus drôle ! L'essentiel pour moi, c'est qu'elle ait une personnalité sympa.
Pendant tout l'été 2020, chaque fois que j'arrivais dans une nouvelle ville, j'essayais d'organiser une vandate. Au final, j'ai dû en faire quatre ou cinq, guère plus.
Ça débute toujours un peu de la même façon : je contacte « l'heureuse élue », je vais la chercher à un point de rendez-vous et, là, commence l'aventure. On réfléchit tous les deux à l'endroit où l'on pourrait se rendre et, pendant que je conduis, on fait connaissance. C'est à ce moment précis que l'on sent si le courant passe bien.

On se raconte nos vies respectives en accéléré. Je leur pose toujours un peu les mêmes questions : « C'est quoi, ton style de mec ? » et la plupart du temps, ce n'est pas moi, c'est assez drôle !
On me demande souvent si mes vandates ne sont pas impressionnées lorsqu'elles me rencontrent pour la première fois. Si, un peu, forcément, mais cette timidité ne dure jamais très longtemps, car je sais mettre les gens à l'aise, les désinhiber ☺.
Je les considère un peu comme mes potes.
Le problème, mais ça arrive rarement, c'est que parfois je me trompe et, dès le début, la conversation est ennuyeuse, ce n'est pas fluide, on ne rigole pas, et là, je me dis, aïe, ça va être long et compliqué. Mais comme je me suis engagé, je ne peux pas la ramener tout de suite, alors, je joue le jeu. On fait la vandate, je filme en dilettante, mais je tourne quand même parce qu'on ne sait jamais, s'il se passait un truc de fou, un miracle... ! Dans ma tête, je sais pertinemment que je ne posterais probablement pas cette vidéo. Ça m'est arrivé une ou deux fois. Je ne peux pas montrer un film où l'ennui est sur chaque plan : pas de rebondissement, pas de taquineries, pas de drague, pas de blagues... Pour que ça marche, il faut que le courant passe.

CONSEILS BASTOSIENS UNIVERSELS POUR S'AIMER EN VAN

Le célèbre artiste Gilbert Montagné chantait que l'on pouvait « s'aimer sur une étoile ou sur un oreiller, au fond d'un train, ou dans un vieux grenier, dans un avion, ou sur le pont d'un bateau [...] ». Eh bien, j'ajouterai que l'on peut aussi s'aimer dans un van. Mais il y a quelques petites bricoles à respecter :

• gérer l'exiguïté et la promiscuité (ces quelques centimètres carrés, là, tu vois, ils m'appartiennent, pas touche) ;

- prendre un temps d'adaptation avant de dire des choses que l'on regrettera par la suite (vanlife = chill life) ;
- faire des compromis, des concessions, des compromis et encore des concessions ;
- respecter le besoin de solitude de l'autre (en principe, vous ne poserez jamais ce genre de question : « Ça te dérange si je mets Motörhead en fond sonore ? ») ;
- se répartir les tâches (équitablement) ;
- s'écouter davantage (oui, quoi, tu disais ?) ;
- discuter et communiquer (mais vas-y, dis-moi, c'est quoi ton problème ?) ;
- désamorcer tout début de conflit ;
- s'embrasser ;
- s'aimer.

COMMENT ÇA SE PASSE ?

Au moment des vandates, j'ai toujours vaguement un schéma dans la tête, mais je ne prépare rien de très particulier, tout doit rester assez spontané. On s'adapte au lieu où l'on se trouve. Pour les occupations, je vais penser à des activités de plein air, comme aller nous baigner dans une rivière ou sauter d'un rocher dans un lac, faire du wezzboard, de la randonnée, du surf, nettoyer les plages jonchées de mégots, etc. Puis on reprend le van pour trouver un beau spot, un beau coucher de soleil, un bel environnement, et c'est l'heure de l'apéro, bien sûr ! À ce moment-là, je joue un peu au prof Bastos, et je donne quelques conseils sur l'hygiène en vanlife, comment se doucher avec de l'eau froide en dehors du van, comment se rendre la nuit au « petit coin » perdu au milieu des bois, cela peut être difficile pour tout le monde, même pour les personnes les plus aguerries !
Étape suivante : on cuisine et, souvent, c'est plutôt la fille qui s'y met vu mon petit niveau de « cuisinier ». (Si elle en a envie, hein, je ne force personne !) Lorsque c'est moi qui dois préparer le « dîner », je consens

un petit effort, mais ça reste vraiment basique. Je préfère qu'elle sache comment je suis, plutôt qu'être coincé tout le reste de ma relation en étant une autre personne que moi-même ! Je ne cuisine pas, ou rarement, je rappelle que ma meilleure recette reste les pâtes au gruyère. Basique, simple.

Pour finir la soirée en beauté, on contemple les étoiles et on va se coucher, moi en haut, ma vandate en bas. En général, il ne se passe rien, car ces rendez-vous restent quand même du travail. Donc, j'évite de mélanger le plaisir et le boulot ☺.

Mon souci, c'est que s'il ne se passe rien et que l'histoire ne va pas plus loin, la fille risque d'être vexée. J'essaie pourtant d'éviter tout rapport. Bon, ça peut arriver. Mais si cela se produit, je préfère que ce soit après la vandate. Dans le cadre d'un tournage, c'est plus compliqué, car c'est moi qui vais lui donner de l'exposition, et lorsqu'elle aura cette exposition, elle pourra raconter ce qu'elle veut. Il vaut mieux par conséquent éviter quoi que ce soit pour se protéger, pour me protéger !

Le lendemain, petit déjeuner simple, puis je la laisse seule devant le van, face caméra, avec une liste de questions qui me sont venues tout au long de ces moments partagés. L'idée, c'est de recueillir ses ressentis et que j'obtienne un retour sur ce qu'elle a vécu, sans que je sois là pour écouter, histoire de la mettre à l'aise. C'est une fois que je l'ai raccompagnée chez elle et que je commence à monter la vidéo que je découvre ce qu'elle a vécu.

MON COUP DE FOUDRE

Lors de mon dernier vrai vandate (qui n'était pas avec ma copine), tout se passait à la perfection. Dès le départ, je l'ai senti, on riait tout le temps, on se rendait compte que tout était fluide.
Cette expérience était magique car on n'avait rien prévu, on ne savait pas où on allait et tout s'enchaînait de manière incroyable, les paysages, les spots, tout était fou, comme s'il y avait un alignement parfait !
On a passé un après-midi et une soirée magiques. Moi, j'étais piqué, j'ai même failli annuler une émission. Et, finalement, le blocage est venu d'elle. C'était pourtant la fille parfaite pour ce genre de vie, la personnalité parfaite pour passer de bons moments avec moi, mais je ne sais pas ce qui s'est passé, il y a eu quelque chose de son côté. Pas d'explication, c'est comme ça, elle ne l'a pas senti.
Moi, j'ai vraiment été secoué. J'ai passé une nuit blanche.

Le lendemain, on a tourné la partie face caméra pour avoir les ressentis de chacun, et puis je l'ai ramenée... J'étais bouleversé à ce moment-là. D'un autre côté, je savais que j'avais une bonne vidéo parce que j'avais eu un coup de foudre et personne n'aurait imaginé que ça se passerait ainsi. On pensait qu'à la fin on s'embrasserait et que ça déboucherait sur une nouvelle petite aventure. En réalité, ce rebondissement, où elle a déclaré ne pas être intéressée et où l'on me voyait, moi, triste, a rendu la vidéo encore plus puissante. Je savais pertinemment que j'avais entre les mains la vidéo de l'année, mais le problème, c'est que je m'en foutais alors complètement, car j'étais hyper déçu. Nos adieux ont été très froids. J'ai appelé ma mère et j'avais les larmes aux yeux. Puis je suis rentré chez moi, à Paris, j'ai roulé huit heures sans m'arrêter. On s'est revus depuis, avec plaisir, mais sans aucune ambiguïté de mon côté.

MA PIRE VANDATE

On ne le verra jamais sur YouTube. Comme je le disais, pour ma part, peu importe que la fille soit adaptée à la vanlife, qu'elle soit *roots* ou non, qu'elle n'aime pas aller dans la nature faire pipi, au contraire, ça me fait rire. Mais si tu passes un moment à deux dans un petit espace confiné, et que tu te rends compte qu'il n'y a aucune connexion, aucune cohésion, c'est super dur. Chaque minute qui passe est ressentie comme une éternité. Dormir dans le même van, c'est l'enfer. Je n'ai donc pas publié cette vandate. La personne ne s'en est pas forcément rendu compte car elle m'a demandé plusieurs fois après notre rencontre à quel moment sortait la vidéo... Au bout d'un certain temps, j'ai pris sur moi et je lui ai avoué que je n'étais pas satisfait de la vidéo et que je ne la publierais pas. Elle n'était pas très contente, un comble, elle râlait un peu comme si elle avait fait tout ça pour rien !

MES VANDATES AVEC KELLYN ET VIVI

J'ai réalisé aussi des vandates avec mes copines de l'époque, avec des filles qui ont partagé quelques mois de mon existence, des personnes que je connaissais déjà et avec lesquelles je n'avais donc pas besoin de faire les mêmes approches.
Lorsque je suis sorti avec Kellyn, c'était juste après avoir lancé le concept « vandate » et je venais d'en tourner tout l'été. À ce moment-là, c'était logique que j'en fasse un avec Kellyn. Ce n'était pas du tout son mode de vie, même si elle avait essayé de me le faire croire ! Elle a pas mal détesté ! En plus, ce n'était pas un tournage en pleine nature, dans un cadre magnifique, on rentrait à Paris, on a dormi sur une aire d'autoroute, et, par conséquent, c'était moins intéressant que d'habitude. Je pense que si nous avions vraiment passé notre vandate dans un spot de rêve, mais sans toilettes et avec insectes offerts dans le package, elle n'aurait vraiment pas vankiffé ! Kellyn aime faire l'aventurière, mais elle n'en est pas une !
Avec Vivi, c'était encore plus compliqué. Elle détestait littéralement, elle est très casanière. Cela reste un bon souvenir malgré tout. Bon, après, ce qu'elle a préféré, ce sont les restos et dormir dans les hôtels, même si elle a trouvé l'expérience amusante de s'endormir à l'intérieur de mon California Ocean ! Pour les disputes, forcément, dans un espace réduit, tu es obligé de faire baisser la pression très vite, car les échappatoires n'existent pas.
Si tu sors avec quelqu'un qui n'apprécie pas l'exiguïté ni dormir dans un endroit totalement isolé, qui se méfie de n'importe quel bruit non identifié, qui ne supporte pas la nature sauvage, de ne pas se doucher tous les jours, qui trouve que rouler toute la journée est une véritable perte de temps, qui aime son confort, partir avec quatre valises, l'expérience est alors assez inenvisageable.
Après, rien ne t'empêche de partir seul pour te ressourcer, les retrouvailles avec ta/ton chéri(e) ne seront que meilleures.

Comme dans toutes les relations, il faut savoir faire des compromis. De manière générale, il est nécessaire de toujours se réserver des moments à soi. Toujours.

LOVE

VOYAGER AVEC SA MOITIÉ

Mon expérience de couple, partageant son irrépressible envie de liberté et de fusion sur les routes du monde, est par conséquent un peu limitée. Mais cela ne change strictement rien à ce que je vis avec mon van, à ce que je pense de ce mode de vie. Partir à deux est simplement un fabuleux voyage qui, je le pense, renforce durablement les liens. Partir en couple, c'est savoir simplement qu'il n'existe pas d'échappatoire aux engueulades, que la communication est essentielle et qu'il faut faire un travail sur soi-même pour réussir à vivre notre individualité à deux. Et ne jamais oublier, la vanlife, c'est prendre le temps de profiter de l'instant présent, et ça change tout.

TÉMOIGNAGE
MÉLANIE & FLORIAN

Quelle est la définition de l'aventure pour vous ?

Il y a deux choses : la découverte sans planification, partir découvrir de nouvelles contrées sans programme défini, sans durée définie, se sentir libre d'aller où on veut. La deuxième, c'est la découverte de soi, en sortant de sa zone de confort. Découvrir où se situent notre résistance et notre capacité à s'adapter, à se débrouiller seul (ou à deux) loin de chez nous. La vie en couple n'est pas toujours facile, la vanlife non plus, mais c'est justement ça qui en fait une aventure !

Quel était votre premier trip ?

C'est quelque chose qu'on pratique depuis quelques années, depuis que l'on est actifs. On en a eu pour la première fois l'idée quand on était déjà ensemble. C'est une aventure de couple pour nous. L'idée était de partir dans ce mode de transport et d'habitation que l'on a bâti nous-mêmes. À nos yeux, l'étape de construction et de réflexion à propos de l'agencement faisait partie intégrante de l'aventure et de la philosophie de la vanlife. On a bricolé notre break pour en faire un van, mais on n'a pas investi dans un van vintage ou un fourgon aménagé. L'espace est riquiqui, mais tout y est. Il manque peut-être un peu de confort pour un long voyage. La vanlife est aussi pour nous une façon de partir en vacances, moins dans une logique de rentabilisation du temps des congés ou de « consommation » de tourisme que dans le voyage en lui-même (la route parcourue, pas la destination) et l'expérience, et avec l'idée de nous rapprocher de la nature. Notre rapport avec la vanlife est plus dans la découverte des espaces, des territoires, des gens, plus axé sur la nature et la retraite. On est très peu actifs, voire pas du tout actifs, sur les réseaux sociaux à ce sujet. Pour nous, c'est un moyen de nous évader temporairement de la vie capitaliste, mais nous ne vivons pas à l'année dans notre van et n'y travaillons pas non plus.

Pourquoi avez-vous décidé de partir en vanlife ?

Nous voulions faire un break vis-à-vis de notre vie parisienne et du travail, tout en découvrant le monde. Notre voyage de sept mois était également notre voyage de noces. C'était une expérience inédite pour nous, dont nous avions vraiment envie. Nous étions conscients que ce voyage, dans notre mini-van, et sur une longue durée, ne serait pas toujours facile. Mais nous nous en sommes sortis avec brio, nous sommes fiers de cette expérience et fiers de nous.

Qu'avez-vous préféré en vanlife ?

Le fait d'être autonomes, de ne pas être pressés par le temps, de découvrir sans cesse de nouvelles choses, de nouvelles cultures, de nouveaux espaces, faire des rencontres. Découvrir des ambiances particulières, des moments de sérénité ou d'émotions intenses. Nous avons constaté, sur la route, que nos blues étaient plus intenses, qu'un rien pouvait nous agacer, mais surtout que nos joies nous transportaient davantage ! Tout prend une dimension plus forte, plus profonde.

Il y a aussi le fait d'être coupés du rythme effréné de la vie quotidienne et de la sollicitation extrême que l'on peut ressentir parfois. Nous n'étions pas toujours joignables et ne répondions pas toujours à notre famille ou nos amis, nous n'étions que tous les deux, et nous n'avions pas de rendez-vous à ne surtout pas oublier, d'encombrement mental lié à l'administration ou au travail, nous étions tranquilles. Il y a une vraie rupture où le temps s'écoule différemment.

Moins aimé ?

Sur une longue période en vanlife dans des conditions spartiates, il y a une fatigue physique et mentale qui s'installe. Selon les circonstances, s'il pleut, s'il fait froid ou s'il fait nuit, le petit espace devient vite étriqué.

Le confort ? L'hygiène ? La sécurité ?

En ce qui concerne la sécurité, quand on voit, dès le début, que tout se passe bien, on devient plus confiant et plus rassuré à ce sujet. Le fait d'être deux aide aussi sur ce plan-là. Dans un petit espace, le confort est vite soumis à la météo. Il est plus facile de faire sa toilette, de se baigner dans un lac, etc., quand il fait beau et chaud que par -5°C et sous la pluie. Nous avions choisi de prendre une douche chaude dans un camping une fois par semaine, et cette pause technique nous faisait le plus grand bien, nous permettait de repartir plus reposés, d'une certaine manière. C'était l'occasion de nous laver les cheveux, de nous détendre, de faire une lessive.
Avec l'arrivée de l'hiver et la fermeture des campings hors saison, c'est devenu difficile d'y arriver, et les solutions que l'on trouvait n'étaient pas toujours aussi satisfaisantes qu'avant. Les auberges de jeunesse restent un bon moyen de se reposer et se laver, mais sont plus chères que les campings. Les lingettes ont été un moyen, certes peu écolo, mais bien pratique, de nous garder propres entre deux pauses. L'indispensable quotidien reste le brossage de dents, avec un dentifrice bio solide.

Ce qui vous embête ?

Parfois, le manque d'intimité se fait vraiment sentir. Rester tout le temps à deux dans un petit espace peut être prenant, et la possibilité de s'isoler est faible. Dans notre cas, c'est arrivé que l'un parte en rando et que l'autre se repose dans la voiture. Certaines activités sont incompatibles avec la vanlife : la sculpture, que pratique Florian, n'est pas possible quand on se déplace tous les jours et que le travail en cours risque d'être abîmé dans le transport. Il a fallu renoncer à ces activités, aussi importantes soient-elles, mais qui ne pouvaient se faire sur la route.

Comment faire pour vivre à deux dans un espace exigu ?

On se colle, et il faut de l'organisation ! Dès l'aménagement, l'espace a été optimisé pour pouvoir ranger les affaires essentielles correctement (espace cuisine, trousse à outils, réserves d'eau, glacière, vêtements, bibliothèque, affaires de détente, etc.) et pour que chacun ait un espace « table de chevet » où garder ses affaires personnelles à portée de main. Chaque chose a un emplacement précis et est rangée immédiatement après son utilisation pour laisser le maximum de place. On se répartit les tâches et les espaces et on se tient à ces habitudes, et on communique. Par exemple, dès que l'un voulait s'allonger seul dans le lit pour se détendre, l'autre restait à l'avant à faire ses propres activités. Nous avons constaté qu'il ne fallait pas non plus négliger les passe-temps ou les hobbies de l'autre, et garder un espace et un temps où chacun faisait une activité de son côté.

Aviez-vous des tâches réparties ?

Oui, il y a rapidement eu une routine matinale, une pour la conduite et une pour le soir qui se sont installées, dans lesquelles chacun avait ses tâches attribuées. Ça n'a pas été décidé ou discuté, c'est venu naturellement avec notre rythme et ce que l'un ou l'autre préférait faire ou avec nos différentes aptitudes. Par exemple, Florian se lève plus facilement le matin, alors il préparait le petit déjeuner pendant que Mélanie se réveillait puis faisait le lit. Après le petit déjeuner, Florian lavait la vaisselle pendant que Mélanie rangeait tout le reste pour être prêts à partir. Pour la conduite, Mélanie se chargeait du copilotage et de l'itinéraire (on fonctionne principalement à la carte et très peu au GPS) alors que c'était Florian qui conduisait.

Les conseils pour éviter les disputes ?

Se parler et écouter. Les disputes arrivent forcément à des moments, c'est inévitable. On ne peut pas être d'accord tout le temps et on s'emporte plus facilement sur la route que dans le confort douillet d'une maison. La solution : ne pas laisser traîner les choses qui dérangent ou les petites rancœurs qui peuvent naître.

En s'en parlant au plus vite, on trouve une solution ou un compromis et on repart sur de bonnes bases. Il ne faut jamais se coucher en étant brouillés !

La plus grosse galère à deux ?

Il n'y a eu aucune galère entre nous deux, mais une petite liée au voyage : on a dû changer d'itinéraire à cause du Brexit et de la politique sanitaire du Royaume-Uni, des ferries à annuler, échanger ou se faire rembourser, mais on tâchait de prendre tout ça avec philosophie. De toute façon, il pleuvait depuis quatre jours en Suède à ce moment-là et il était plus agréable de rester dans un café avec Wifi que partir en randonnée. On a eu beaucoup de chance. En sept mois sur des routes très contraignantes pour la voiture, on n'a ni crevé, ni eu de panne de batterie, ni accident, rien. Juste une amende pour stationnement non payé. Chacun de nos problèmes, même ceux qui semblaient les plus insolubles, a toujours trouvé sa solution. C'est sans doute lié à notre philosophie de vie, on essaie de relativiser et de ne jamais se laisser envahir par les problèmes.

Comment sont vos nights ?

C'est très lié aux conditions (géographiques et météorologiques) dans lesquelles on se trouve à ce moment-là : est-ce qu'on est isolés en pleine nature ou sur un parking un peu fréquenté, avec d'autres campeurs ; est-ce qu'il y a de la pluie ou du vent violent qui font du bruit ou font bouger le van, ou rien du tout, est-ce qu'il fait froid ou pas, etc. ? Tous ces paramètres influent beaucoup sur le niveau d'attention, l'activité du sommeil et sur l'intimité ! Il n'est pas toujours aisé de trouver un endroit reculé, mais nous avons eu des nuits magiques, par exemple en Finlande ou en Écosse, en pleine nature, sans pollution lumineuse, à regarder les étoiles et la Voie lactée.
Et le soir ou le matin, nous avions souvent de magnifiques vues, des « terrasses » pour le dîner ou le petit déjeuner, très paisibles ou à couper le souffle.

Est-ce que cette expérience a renforcé vos liens ?

Non, nous ne pensons pas que la vanlife ait renforcé ni affaibli notre amour. La vanlife est évidemment un exercice pour le couple !

Pour certains, ça pourrait même être une épreuve, ou un test du genre « Ça passe ou ça casse ». Pour nous, ce voyage de 7 mois arrivait après 6 ans de vie commune, quelques voyages dont certains assez roots, et aussi après notre mariage. Nous nous connaissons très bien, et nous étions préparés. En fait, on pourrait dire que ça a renforcé nos liens, dans le sens où nous avons créé de nouveaux souvenirs ensemble et vécu des moments très forts, dont nous pourrons parler pendant encore longtemps ! Notre voyage en van nous a surtout donné du temps pour nous, pour penser le futur et discuter de nos projets de vie commune pour l'après. C'était un temps de construction à deux (mais cela aurait pu se passer ailleurs que dans un van).

Êtes-vous prêts à repartir ?

Oui, mais pas aussi longtemps, et dans un van plus grand ! La configuration dans laquelle on voyageait était vraiment le strict minimum et il nous manquait un degré de confort nécessaire supplémentaire. L'idéal serait pour la suite d'avoir un espace « cuisine » et « salon » plus grand à l'intérieur pour les jours de froid ou de mauvais temps. Et une plus grande hauteur sous plafond : pouvoir nous asseoir ailleurs que sur les sièges conducteur et passager serait déjà un plus !

Est-ce que cela a changé votre image de la vie, de votre relation, de votre avenir ?

On s'est rendu compte que beaucoup de choses qu'on possède sont accessoires. En rentrant, on a fait un gros tri dans nos vêtements et fait du vide dans l'appartement. La vanlife, qui plus est sur un long temps, nous a permis aussi de découvrir d'autres modes de vie (dans d'autres cultures, d'autres pays ou dans le rapport à la nature et à l'humain) et de mettre ça en perspective avec nos politiques locales ou nationales. En ce qui concerne notre avenir, le temps que la vanlife nous a octroyé nous a fait réfléchir à ce qui nous déplaît ou nous bloque dans notre vie actuelle, envisager des choses nouvelles pour le futur. Par exemple, Mélanie ressent moins le besoin d'être sur l'ordinateur, d'être à jour des séries Netflix ou des chaînes YouTube, alors que c'était une habitude du soir avant. Il nous est venu aussi l'envie de quitter la région parisienne et de partir vivre et travailler dans un endroit plus proche de la campagne, exercer des métiers plus manuels et connectés au vivant, retrouver un contact avec la matière. Une envie de ralentir le rythme du quotidien, de délaisser le superficiel et de nous concentrer ou nous reconnecter à ce qui nous semble le plus important.

Les sensations quand on revient après 6 mois de liberté ?

La réadaptation est difficile. On est contents de revoir les copains et la famille, les moments de retrouvailles sont chouettes, mais même là, on peut avoir le sentiment dérangeant d'être trop sollicités. Mélanie a dû se réadapter au boulot dans l'entreprise, le plus dur étant de reprendre le rythme de 8 heures de travail par jour et de prendre les transports en commun : ça lui a paru assez irréel dans un premier temps. Mais les souvenirs font beaucoup de bien, et on façonne déjà de nouveaux projets !

« Une vision large, saine et charitable des hommes et des choses ne peut pas être acquise en végétant dans un petit coin de la terre toute sa vie. »

Mark Twain

AVENTURE 7
VDI (VAN À DURÉE INDÉTERMINÉE)

Home
IS WHERE
I WORK
AND I
WORK
everywhere

AVENTURE 7
VDI (VAN À DURÉE INDÉTERMINÉE)

Le travail n'est plus une fin en soi, c'est un moyen de vivre la vie que tu souhaites. On ne sait plus trop de quoi l'avenir sera fait et, si l'on veut quelque chose, on va faire en sorte que cela se produise, sans attendre la retraite. Pour moi, ce n'est pas seulement une question de génération, c'est l'époque aussi qui veut ça.
Je pense que nos priorités et nos aspirations évoluent vers une diminution partielle – à défaut d'être totale – des obligations et contraintes de toutes sortes que l'on nous impose, on veut partir dès que c'est possible, tout en laissant derrière nous routine et matérialisme. Liberté, liberté chérie…
Je l'ai déjà dit, mais il existe autant de vies en van que de vanlifers. Certains s'échappent seul, d'autres en couple ou en famille.
La plupart vont quitter leur confort pour vivre dans leur fourgon aménagé sur un temps défini, puis ils vont revenir chez eux, une fois la boucle bouclée, les vacances ou le congé sabbatique terminés, les économies englouties.
Certains vont s'engager vers un vrai nomadisme. Ils vont alterner les périodes sédentaires et l'itinérance, travailler pour mieux repartir. Ils ne sont plus dépendants de la géographie, ils vont là où leurs envies les conduisent. Puis il y a ceux qui sont de vrais vagabonds, des nomades, ils ont franchi le pas et ne conçoivent plus leur travail autrement que sur la route. Le travail à distance n'aura jamais aussi bien porté son nom.
La vanlife prend alors tout son sens et devient une vie minimaliste, dénuée du superflu, mais remplie de plaisirs immenses, de découvertes, de rencontres. Bonus : travail + nomadisme = créativité décuplée. Nous devenons des créateurs nomades. Que du bonheur !

LA VÉRITÉ SUR LE VANLIFER

Qu'il soit voyageur au long cours, van-aventurier à temps partiel ou digital nomad, le vanlifer apprécie une bonne connexion Internet. L'accès au web est devenu un besoin. Qu'on se le dise !

Vive l'Europe

Depuis 2017, il n'y a plus de frontières téléphoniques au sein de l'Union européenne. Tu peux appeler et envoyer des SMS en illimité, utiliser ton forfait Internet comme si tu étais en France. En principe (mais à vérifier le jour du départ), si tu voyages au Royaume-Uni, c'est aussi en illimité. En France : Bouygues, Orange, SFR, Free. À l'étranger, Free est plus performant car il a des ententes avec de gros opérateurs.

LES SAISONNIERS

Il y a ceux qui travaillent un ou deux mois, une saison, font de la cueillette, bossent dans un hôtel ou un resto, deviennent animateurs dans des centres de loisirs ou dans des colos le temps des vacances scolaires. Pas besoin de qualifications (sauf pour les enfants où l'obtention du Bafa est indispensable), il faut juste avoir une bonne résistance à la charge de travail durant cette courte période. Pour ces vanlifers, il n'est nullement question de tout claquer dès qu'ils repartent sur la route, mais d'être assez économes pour définir et appréhender leurs véritables besoins. On travaille pour partir sur la route et on retravaille pour repartir sur la route. Ils réinvestissent immédiatement leur pécule. C'est une boucle motivante. Tu gardes ta liberté et tu sais qui tu es. Si tu as envie de quelque chose et de partir au long cours, le budget de cette existence, tu le trouves, c'est un choix de vie.

LES NOMADES NUMÉRIQUES (DIGITAL NOMADS, IN ENGLISH ☺)

Tout le monde sait, depuis 2020, ce qu'est le télétravail : rester chez soi tout en travaillant, la plupart du temps, pour une petite, moyenne ou grosse boîte. Tu as toujours des horaires de bureau, mais tu restes chez toi, en pyjama (ou pas). On l'a expérimenté lors du premier confinement et cela s'est amplifié lors des suivants. Désormais, on peut bosser depuis n'importe quel endroit du monde.

Un digital nomad travaille loin de son boulot, de ses collègues, de son open space. Il peut travailler pour Microsoft France Paris, tout en habitant en Nouvelle-Zélande, au Costa Rica, en Thaïlande ou à Arcizans-Avant dans les Pyrénées. Il suffit d'avoir Internet, un employeur conciliant et d'être prêt à jongler avec les décalages horaires. Tu peux être également ton propre boss, remplir des missions pour des prestataires ou encore créer du contenu à destination de magazines/revues/mooks ou des réseaux sociaux, comme je le fais, moi. Je n'ai de compte à rendre à personne, sauf à moi-même.

Les digital vanlifers, c'est la même chose, mais avec une énorme différence : ton van est ton bureau, et ton open space, c'est la route et les paysages autour de toi. Un jour ici, le lendemain là-bas.

C'est la liberté, sans la précarité. Une seule contrainte – et elle peut être vite stressante –, celle d'avoir une bonne, voire une excellente, connexion Internet. Mais attention, digital vanlifer n'est pas un métier, c'est juste un mode de vie !

Ceux qui choisissent de partir en van exercent la plupart du temps des métiers liés au graphisme, à l'illustration, à la vidéo, à la photographie, au web, à la communication, mais il existe aussi des boulots plus atypiques comme des banquiers, des comptables, des naturopathes. Puis il y a ceux qui dorment dans leur van et qui se déplacent au gré de leurs rendez-vous, des électriciens, des médecins qui arpentent les routes désertées de France, et même des bibliothécaires ou des libraires qui font le choix de venir au-devant de ces habitants des communes oubliées.

Certains vont se réinventer. Architectes, financiers, ingénieurs de formation, ils vont s'essayer peu à peu à la photographie, se mettre à la rédaction de blogs, créer des sites ou vendre leur travail à des journaux. Ils vont créer des contenus outdoor. Bientôt, ils vont chérir cette vie où ils concilient soleil-vagues-surf le jour et travail le soir (ou autres activités, autre emploi du temps et autre météo !). Mais devenir digital nomad et voyager en van t'oblige à penser à de petites choses, oui, d'accord, un peu matérialistes, mais indispensables afin que ton road trip de digital vanlifer t'évite les galères sur les chemins de la liberté.

JOBS SO NOMAD (PLEIN DE NAMES IN ENGLISH)

Graphiste – directeur artistique – web designer – motion designer – street artist – artiste 3D – character designer – UX/UI designer – illustrateur – photographe – vidéaste – monteur vidéo – retoucheur photo – rédacteur web – blogueur – podcasteur – youtubeur – influenceur – créateur de contenu pour d'autres marques – auteur – développeur de logiciel – développeur de site web, d'application mobile – maintenance de site web – copywriter indépendant – expert SEO (en référencement de site web) – expert Google Ads / Youtube Ads. – pub Facebook – instragrameur – community manager – stratège en marketing et communication – expert Pinterest – Site de e-commerce – coaching & professeurs à distance – formateur en ligne – correcteur de copies pour des organismes d'enseignement à distance – assistant virtuel – concierge en ligne – service client – traducteur – transcripteur – relecteur-correcteur – trader – expert-comptable en ligne – BASTOS...

QUEL DIGITAL NOMAD ES-TU ?

1/Actuellement, ta situation professionnelle est…

A. Tu es free-lance, avec des clients réguliers
B. Tu as créé une entreprise qui a son local
C. Tu es salarié

2/Être nomade peut signifier développer sa propre entreprise. À quel point serais-tu bon pour la faire connaître ?

A. Tu as un solide réseau professionnel que tu sais activer
B. Tu maîtrises le marketing comme personne, tu sais exactement comment te vendre
C. Tu es très actif sur les réseaux sociaux, tu sais comment capter un public numérique

3/Qu'est-ce qui te semble le plus excitant dans le fait de devenir un digital nomad ?

A. Voyager souvent et l'adrénaline qui accompagne chaque nouveau départ
B. Ne plus avoir de patron qui te colle aux basques
C. Le fait de rencontrer de nouvelles personnes et de découvrir de nouvelles cultures

4/Tu es en recherche d'une nouvelle opportunité professionnelle, ton critère principal c'est…

A. La nouveauté. Tu t'ennuies facilement et tu as besoin d'un nouvel environnement
B. Le challenge. Tu aimes te dépasser et tu cherches ça dans tes missions
C. La stabilité. Tu as besoin d'une routine pour être efficace

5/Tu viens d'atterrir à l'étranger, ton auberge de jeunesse a annulé ta réservation sans prévenir, et zéro Wifi disponible…

A. Tu en fais une opportunité pour rencontrer de nouvelles personnes. Qui a besoin d'une chambre en fait ? Direction le centre-ville !
B. Aucun problème, tu rebondis rapidement. Impossible de t'abattre
C. Tu respires un grand coup et tu réfléchis aux différentes options avant de te relancer

6/Être nomade demande une certaine discipline. Dans ton cas…

A. Tu parviens à atteindre les objectifs, d'une manière ou d'une autre
B. Tu as une routine stricte
C. Tu as besoin du soutien de ton entourage pour rester motivé

7/C'est ta première soirée dans un lieu inconnu…

A. Tu as trop hâte de te faire de nouveaux potes !
B. Tu es un peu timide mais sociable, ça va bien se passer
C. Tu es un peu désœuvré, ta famille et tes amis te manquent

8/Ton travail te retient-il à un endroit en particulier ?

A. Pas du tout, tu es déjà en télétravail
B. Pas vraiment, tu vas au bureau tous les jours, mais ton travail se fait principalement sur ordinateur
C. Oui, tu dois rencontrer régulièrement des clients ou des collègues en présentiel

9/Voyager à l'étranger, tu le fais…

A. Souvent. Ton passeport n'a bientôt plus de place et tu as une super note sur Airbnb
B. Deux à trois fois par an au moins
C. Une fois par an

10/Comment gères-tu tes finances ?

A. Tu sais jongler avec les différentes cartes de crédit et les plafonds à ne pas dépasser
B. Tu as une appli qui gère toutes tes dépenses et qui t'alerte si besoin, impossible d'être dans le rouge
C. Tu économises dès que tu peux

Tu as plus de A
DIGITAL NOMAD À TEMPS PLEIN

En tant que digital nomad niveau expert, tu vis la vie dont la plupart des autres ne font que rêver. Qu'il s'agisse d'obtenir des emplois à distance ou de maîtriser les sujets liés aux visas et aux taxes, tu gères tous les aspects de la vie de nomade. Le monde est ton toit, tu te fais des amis partout et des souvenirs mémorables en cours de route. Tu aimes le fait de ne pas avoir d'adresse, et ce n'est pas près de changer.

Tu as plus de B
DIGITAL NOMAD SAISONNIER

Voyager à l'étranger fait partie de ton ADN, mais tu aimes la sécurité d'un port d'attache. Tu es très doué pour trouver un équilibre et tu te satisfais d'être un semi-nomade digital, 6 mois par an par exemple. Tu échappes ainsi à l'hiver du pays natal et pars en vadrouille au soleil, avec tes clients réguliers sous le bras. Au fur et à mesure des voyages, tu t'es fait des amis dans de nombreux coins du globe et tu leur rends visite régulièrement.

Tu as plus de C
NOMADE OPPORTUNISTE

Tu es bien conscient que ton rêve de voyager ne va pas forcément de pair avec tes limites personnelles. Tu sais que tu n'es pas fait pour passer tout ton temps sur les routes, mais tu veux le tenter au moins une fois. Cela pourrait signifier passer un an en congé sabbatique pour te lancer par exemple. Tu n'es pas sûr à 100% de l'endroit où tu te retrouveras, mais tu fais confiance à ton instinct pour t'emmener au bon endroit. Tu utiliseras probablement ce temps pour vivre de nouvelles expériences et chercher de l'inspiration pour tes nouveaux projets ou même envisager un changement de carrière.

ÊTRE INFLUENCEUR

Souvent « influenceur » arrive en tête des métiers en digital nomad. Si tu le deviens, il te faudra pas mal de followers pour espérer en vivre et cela te prendra quelques années. Quand on est influenceur, on crée du contenu qui favorise d'abord les projets de marques externes.
Tu privilégies la pub et les partenariats. C'est important de rappeler que, derrière ce métier, il y a beaucoup de travail qui ne se voit pas.

LES CONTRAINTES

Par rapport à mon premier combi, achat coup de cœur, totalement nostalgique mais tellement galère, mon van actuel est top, il est moderne, bien équipé, confortable. Si tu souhaites travailler en ligne depuis ton véhicule, je te conseille d'opter pour un fourgon ou un van équipé en panneaux solaires, ce qui permettra d'alimenter ton ordinateur (et ton frigo et parfois, de manière optionnelle, ta douche). Vérifie bien qu'il y ait assez de prises et qu'elles soient suffisamment autonomes, car tu auras besoin de recharger souvent ton ordi.
Et si tu dois travailler dans ton van, voire si vous êtes deux à partir, assurez-vous d'avoir un endroit pour chacun d'entre vous (surtout par temps de pluie !). Au début, on se dit que l'on peut bosser au bord d'une piscine, sur un bout de table, sur une chaise pliante face à un coucher de soleil. Mais ce n'est pas le top confort. Il faudra alors penser à aménager un espace où vous vous sentez bien, quitte à partager LA table du van et à entendre les conversations de votre moitié. L'idée, quand on est à son compte, c'est de rester productif et de se sentir bien dans un espace de travail qui nous correspond et nous inspire.

Il faut également, même si j'ai l'impression d'écrire une évidence, un ordinateur fiable et puissant, avec une bonne batterie.
Pour ma part, dans mon van, un ordi portable et un téléphone me suffisent. Je n'aime pas m'encombrer de grosses caméras. Les vidéos vanlife sont plus simples et plus crues, mais c'est plus cohérent avec ce mode de vie et ça fait leur charme et leur authenticité.
Mais cela ne suffit pas à devenir le parfait digital vanlifer, non.
Tout créateur nomade rencontre deux défis récurrents : l'accès à l'électricité et la difficulté de se connecter en voyage à Internet.

La « To Take List »
Même si on est censé être moins connecté dans la vanlife, on ne part jamais (moi en tout cas !) sans :
- son smartphone
- son ordinateur portable
- sa batterie
- ses câbles, chargeurs, multiprises.

Tu peux prendre aussi une caméra, un appareil photo, un drone et d'autres accessoires multimédias pour illustrer ton voyage si tu veux le partager par la suite sur les réseaux.

Ô RAGE, Ô DÉSESPOIR, Ô CONNEXION POURRIE

Moi, je travaille tout le temps et, parfois, cela peut être problématique lorsque tu te retrouves sans réseau. J'en ai fait les frais et j'en ai gardé un souvenir amer. Je suis parti avec mes parents dans le nord de l'Écosse. On était bien là, paysages grandioses, vues à couper le souffle, temps idéal, retrouvailles au top garanties sans stress… Et pourtant ! Il n'y avait aucun réseau, même en me déplaçant de quelques kilomètres plus au sud, plus au nord, en positionnant mon téléphone vers le ciel, à droite, à gauche… Rien. Cela commençait à m'angoisser car je suis, par mon métier, obligé d'être toujours connecté, 24 h/24. Je dois créer du contenu et le poster. Le créer ne pose pas de problème, mais si tu ne peux pas l'envoyer et que tu disparais quelques jours des réseaux, ce n'est vraiment pas conseillé. Cette situation me rendait assez irascible et nuisait

à l'humeur générale, d'autant plus que je ne voulais pas non plus empêcher ma famille de profiter de ses vacances en van. Après trois-quatre jours, je suis reparti en France, je m'en voulais d'infliger ça à mes parents qui, même s'ils me soutiennent toujours et de la meilleure manière qui soit, n'étaient en aucun cas responsables de cette situation. C'était moi qui créais mes propres problèmes. Je devais rentrer pour retrouver mon réseau.

Bref, tu l'auras compris, la connexion Internet infaillible (ou presque) est la condition *sine qua non* pour travailler dans son van. Il faut aussi t'assurer de la vitesse Internet, qu'elle soit suffisamment performante pour supporter les visioconférences. Il existe plusieurs options pour ne pas être interrompu lors d'un enregistrement, une diffusion, une visioconférence. Voici quelques conseils, acquis avec l'expérience.

• La plupart des smartphones te permettent depuis des années le partage de connexion avec ton ordinateur. Mais attention n°1 : il faut que la zone géographique soit couverte par le réseau Internet ; attention n°2 : il faut que le forfait (si tu es à l'étranger) autorise le partage de connexion ; attention n°3 : le partage de connexion est très énergivore. Il existe heureusement des outils pour trouver un signal Wifi, et des applications, comme WiFi finder, qui localisent la Wifi gratuite. Dans ce cas, direction café, restos, bibliothèques pour en profiter. Tu peux aussi vérifier avant de partir si ta destination est couverte par ton fournisseur d'accès. Là aussi, il existe des applis, OpenSignal et CellMapper.net. Le problème des réseaux Wifi publics, c'est que tu risques de te faire pirater, notamment si tu voyages à l'étranger, te faire frauder ta carte de crédit, ça arrive. Pour éviter cette galère, tu peux t'équiper d'un VPN, un « réseau privé virtuel ». Ce logiciel te permettra de te connecter à Internet de manière sécurisée et anonyme, et d'éviter la censure si tu te trouves dans un pays, on va dire, plus restrictif et sourcilleux en matière de contenu (je pense par exemple à la Chine et à la Russie). Il y a d'ailleurs pas mal de youtubeurs qui l'utilisent. Mais qui dit VPN ne dit pas Wifi.

Pour avoir de la Wifi, tu peux acheter :

• Un routeur, dit « Pocket WiFi ». Il n'a pas besoin d'être branché à l'ordinateur pour fonctionner. Il contient une batterie indépendante qu'il ne faut pas oublier de recharger régulièrement. Il faut juste y insérer une carte SIM avec un abonnement Internet. Cela te permet de disposer d'une connexion dès que nécessaire.

• Une clé 3G ou 4G que tu branches à ton ordi. Il faut également y insérer une carte SIM sur laquelle est programmé un abonnement Internet chez ton opérateur habituel, et c'est good ! Si tu es à l'étranger, il faudra, avant de partir, déverrouiller ton smartphone afin qu'il accepte des cartes SIM provenant d'autres opérateurs que le tien habituellement.

• À l'étranger, une carte SIM internationale. Tu peux conserver ton numéro afin que tes clients puissent te joindre sans problème. Et tu auras du réseau dès ta descente d'avion.

• L'antenne Wifi placée à l'extérieur du van permet de capter l'ensemble du réseau Internet à l'extérieur pour ré-amplifier le signal. Par connexion, le signal capté sur l'antenne est redistribué sur ton routeur au sein du réseau local. Un bon moyen d'avoir Internet même lorsque tu es perdu en pleine cambrousse. Attention, il faut prendre en compte pas mal de paramètres : le prix, car ton antenne doit être étanche et résistante aux UV, un routeur compatible, une bonne alimentation électrique liée au routeur et un passe-toit pour faire passer l'ensemble des câbles. Ce n'est pas le plus simple, mais c'est super efficace.

• Un truc trop stylé et méga cher ? Mais oui, ça existe, c'est le satellite ! Si tu es dans une région totalement isolée, à l'autre bout du monde, et que tu souhaites quand même bosser ou donner de tes nouvelles, une balise/ou un traceur permet de te localiser via le GPS. Attention quand même de ne pas en abuser car chaque caractère compte, autant l'utiliser pour des messages urgents ou rassurants.

TÉMOIGNAGE

@fontaine.timothe

Présente-toi en quelques mots !

Je m'appelle Timothé, j'ai 22 ans. J'ai un van à l'année depuis août 2020, il se nomme Daniela ! Pour l'instant, je reste en France en attendant que mon travail se stabilise. Je suis vidéaste et photographe et je vadrouille plutôt en Bretagne, autour des spots de surf.

Tu as quoi comme van ?

Daniela est un Opel movano l3h2 de 2017. Il est donc assez récent, ça me permet d'avoir un véhicule fiable et agréable pour rouler sur de longues distances, même si on n'est pas sur le confort d'un sprinter. Mais comme je suis grand – je mesure 1,92 m –, un h3 serait un vrai plus !

C'est quoi pour toi la vanlife ?

C'est se lever avec un paysage différent tous les matins, ne rien devoir à personne sauf à soi-même, apprendre à aimer sa propre compagnie, être libre de presque tout. L'indépendance est totale, j'ai juste à kiffer la vie. Je découvre le monde avec une approche écologique, même si l'essence, j'avoue, ce n'est pas le top !

Quelles sont les difficultés que tu rencontres dans ton travail avec ce mode de vie ?

J'ai de vrais problèmes d'électricité ! Ça m'est arrivé de ne plus en avoir lors d'un live twitch et en plein enregistrement, tout à coup, on a été coupés ! L'électricité s'interrompt parfois aussi en plein montage. Bon, là, c'est moins grave, vu que j'ai un PC portable, mais bon, ça reste mon plus gros problème au niveau professionnel !

Quels sont les avantages de ce mode de vie dans ton travail ?

Les avantages, je dirais qu'il n'y a que ça dans mon taf ! Se déplacer avec tout le matos, déjà c'est top, car je suis ainsi certain de ne jamais rien oublier. Puis je trouve qu'il y a beaucoup plus de créativité et de spontanéité pour faire des photos, tu n'as jamais les mêmes inspirations. Moi, ça me permet également d'être toujours sur place pour un tournage ou un shoot !

Penses-tu redevenir sédentaire un jour et, si oui, pour quelle raison ?

Oui, je pense. Un jour, j'aimerais en fait bien m'acheter un terrain et une tiny house, peut-être même une maison à rénover, afin d'être autonome et créer quelque chose qui me ressemble vraiment. C'est un peu la suite logique de mes projets, cela me tient à cœur. Je dirais que si je souhaite « investir », c'est pour avoir un avenir plus tranquille et vivre moins au jour le jour ! Mais, j'ai du temps encore...

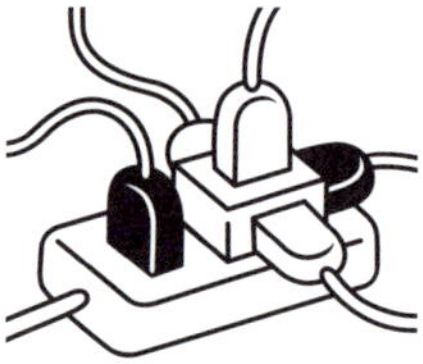

LE DIGITAL VANLIFER EST UN ÉNERGIVORE

Tu filmes avec une caméra, photographies avec ton smartphone, utilises des drones, tu exploites et montes sur ton ordinateur des images prises sur le terrain pour alimenter du contenu, eh bien, tes appareils auront faim, souvent. Il faudra gérer leur recharge et ressources énergétiques en permanence. Sans oublier les appareils du quotidien tel que le frigo. Si tu es comme moi, tu as déjà fait une croix sur la douche chaude en van. Il existe des tas de points de recharge pour te raccorder en électricité, via une prise extérieure au van. Tu restes ainsi autonome quelques jours et tu peux travailler en toute quiétude !

Tu peux aussi essayer d'être encore plus indépendant. Il te suffit alors, tout comme je l'ai fait, d'installer des panneaux solaires sur le toit de ton van. Grâce à une batterie auxiliaire et un convertisseur, l'énergie solaire va se transformer en électricité qui sera utilisable directement sur des prises électriques.

Une fois que tu sais tout cela, y a plus qu'à.

~~LE TEMPS, C'EST DE L'ARGENT~~

On dit aussi souvent : « On travaille pour vivre, on ne vit pas pour travailler. » Enfin, on ne l'affirme peut-être pas vraiment, mais moi je le clame haut et fort, même si je ne suis loin d'être un bon exemple, vu que je bosse tout le temps – tout en m'amusant beaucoup, ça va de soi ! En choisissant de travailler comme digital vanlifer régulier, il va falloir trouver le bon équilibre entre boulot et plaisir, car tu n'es pas en vacances, contrairement à ce que d'autres pourraient croire.

Selon le dictionnaire *Le Robert*, « indépendant » signifie « qui est libre ». Ce n'est pas faux, mais il y a quand même quelques nuances à apporter. Oui, tu gères ton temps comme tu veux, oui, tu peux travailler a priori où tu veux, oui, tu peux choisir les projets sur lesquels tu veux bosser. Mais la liberté a un coût qu'il ne faut pas négliger.

Tu peux être à ton compte ou travailler comme free-lance pour d'autres. Dans ce dernier cas, il faut que tu prennes en compte les urgences qui surviennent à tel ou tel moment, et donc être un peu

plus prévoyant au cours de ton périple. Il faudra envisager peut-être moins de kilomètres et des pauses plus longues entre chaque point de chute… et réduire le nombre de visites de lieux incontournables. Si tu travailles pour ton propre compte, tu es encore plus libre, car tu n'échanges pas ton travail contre de l'argent. Mais tu bosses, et même énormément, car tu prévois à un moment d'en gagner. C'est beaucoup de trésorerie et il faut savoir jongler avec les écarts de revenus d'un mois à l'autre.

La difficulté d'apporter son travail partout avec soi demande également de la discipline et de savoir dire stop. Pas si évident que ça lorsque tu aimes ton boulot, mais essentiel si tu veux profiter de la vie que tu as finalement choisie, et que tu veux rester libre.

Dans les deux cas, travailler pour soi ou pour d'autres prestataires te contraint à être responsable de tes revenus, de tes choix, et seul ton travail compte véritablement. Il n'y aura pas d'augmentation en fin d'année. Il faut être un peu entreprenant pour dégoter les bons clients sans être dépendant d'eux.

EN ROUES LIBRES

Le *slow travel* est l'allié du digital vanlifer. Quand tu travailles dans ton van, tu gères ton temps différemment et tu pourras adapter ton rythme de travail à la météo, aller surfer toute la journée du lundi, mais bosser comme un fou le lendemain, d'ailleurs, ça tombe bien, il pleut.
Il faut toujours garder en mémoire que le digital vanlifer reste un grand voyageur, qui aime découvrir, s'émerveiller, profiter de l'existence.
Tu te sens appartenir au monde, et l'accès à Internet, de plus en plus généralisé autour du globe, t'offre la possibilité de transformer n'importe quel endroit (ou presque) de notre planète en bureau !

La vie en van est une expérience de vie incroyable. Tu savoures et bénis chaque instant de liberté. Tu es connecté avec Internet (oui, bon, O.K.), mais tu es aussi totalement connecté avec la nature. C'est le réel qui compte. Ma maison, c'est mon van, mon bureau, c'est mon van, c'est là où mon cœur est !
Et qu'est-ce que j'y suis bien !

AND SO THE
Adventure
BEGINS

thankful. grateful. blessed.

REMERCIEMENTS

Je remercie tous les gens qui me suivent et me permettent de réaliser ce genre de rêve, j'espère pouvoir leur transmettre en retour un peu de mon goût pour la liberté et les clés de la vie que j'aime vivre.
Je remercie les gens qui m'ont aidé à mener ce projet à terme, c'est beaucoup plus compliqué que ce que je pensais, d'écrire un livre !
Enfin, merci aux personnes qui ont pris le temps d'apporter leur témoignage, et par là même un point de vue personnel sur la vanlife. Le livre ne serait pas ce qu'il est sans vous.

CRÉDITS

Toutes les photos sont des archives personnelles de l'auteur, sauf pour :
Pages © Shutterstock, 10-11, 17, 30-31, 43 (haut), 52-53, 72-73, 79, 90-91, 116-117, 123, 127, 136-137, 151.
Photos de couverture : © @mathieuplt
Illustrations : © Shutterstock

Ouvrage dirigé par Candice Roger
Conception graphique : Ariane Galateau

34-36, rue La Pérouse, 75116 Paris.
www.hugopublishing.fr

ISBN : 9782755695076
Dépôt légal : mai 2022
Imprimé par FINIDR